aiden 2026＼2027 개정2판

에이든 오사카/간사이 여행지도

PLACE *Osaka*

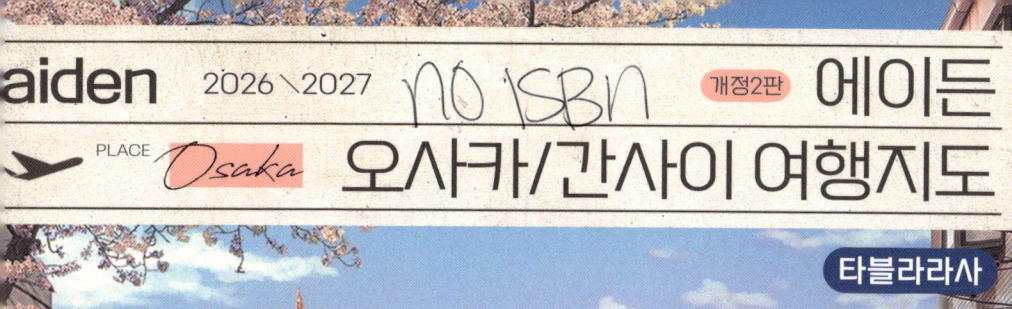

타블라라사

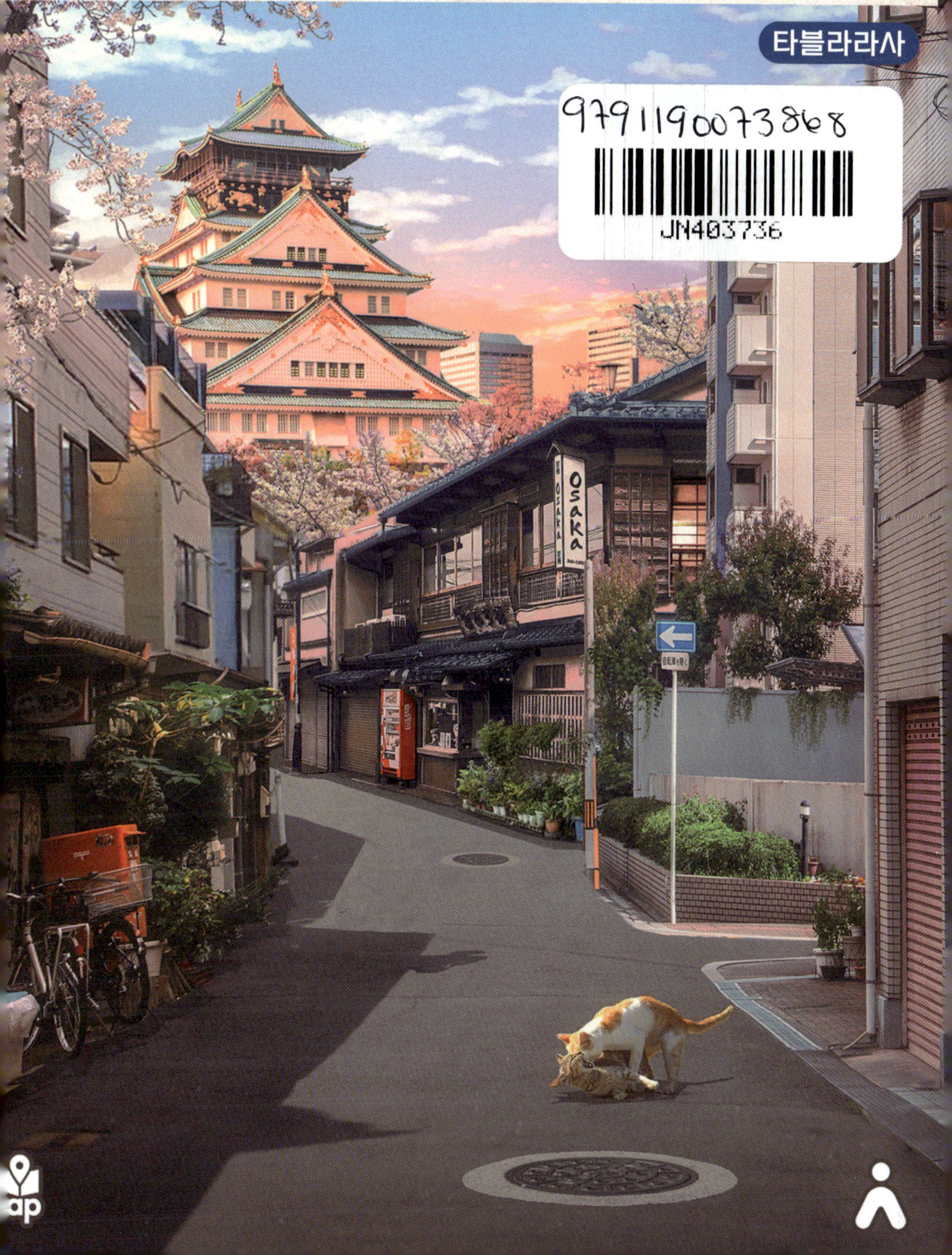

개정판 2쇄 1쇄 인쇄 | 2025년 9월 1일
개정판 2쇄 1쇄 발행 | 2025년 9월 1일

지은이 | 이정기, 타블라라사 편집팀
펴낸곳 | (주)타블라라사
컨텐츠 담당 | 홍경진, 김수경, 윤선영, 엄연희, 윤강희, 변계숙, 최현아, 문아현, 허유리, 김지영, 김아름
편집디자인 | 홍경진
표지디자인 | KUSH

출판등록 | 2016년 8월 10일(제 2019-000011호)
이메일 | quiz94@naver.com
홈페이지 | http://aidenmapstore.com

Copyright 2025 Tabularasa, inc.
이 책의 저작권은 저자와 출판사에 있습니다.
서면에 의한 저자와 출판사의 허락없이 책의 전부 또는 일부 내용을 사용할 수 없습니다.

*값과 ISBN은 뒤표지에 있습니다.
*잘못된 책은 구입한 서점에서 바꾸어 드립니다.
*본 도서에 대한 문의사항은 이메일을 통해 받고 있습니다.

현재 판매중인
에이든 **여행지도 시리즈**

국내여행 가이드북, 제주여행 가이드북, 인스타 핫플 가이드북, 아이와 가볼만한 곳 1193, 전국여행지도, 한국관광100선 스크래치맵, 캠핑지도, 우리나라 역사지도, 키즈(세이펜) 세계지도/우리나라지도, 서울, 제주, 부산, 파리, 런던, 로마, 오사카 지도 등 지속 출시 중. 네이버에서 "에이든여행지도"로 검색하세요.

에이든 여행지도 및 미니맵북의 저작권은 (주)타블라라사에 있습니다.
본사의 서면동의 없이는 어떠한 형태로도 복사하거나 이용하지 못합니다.

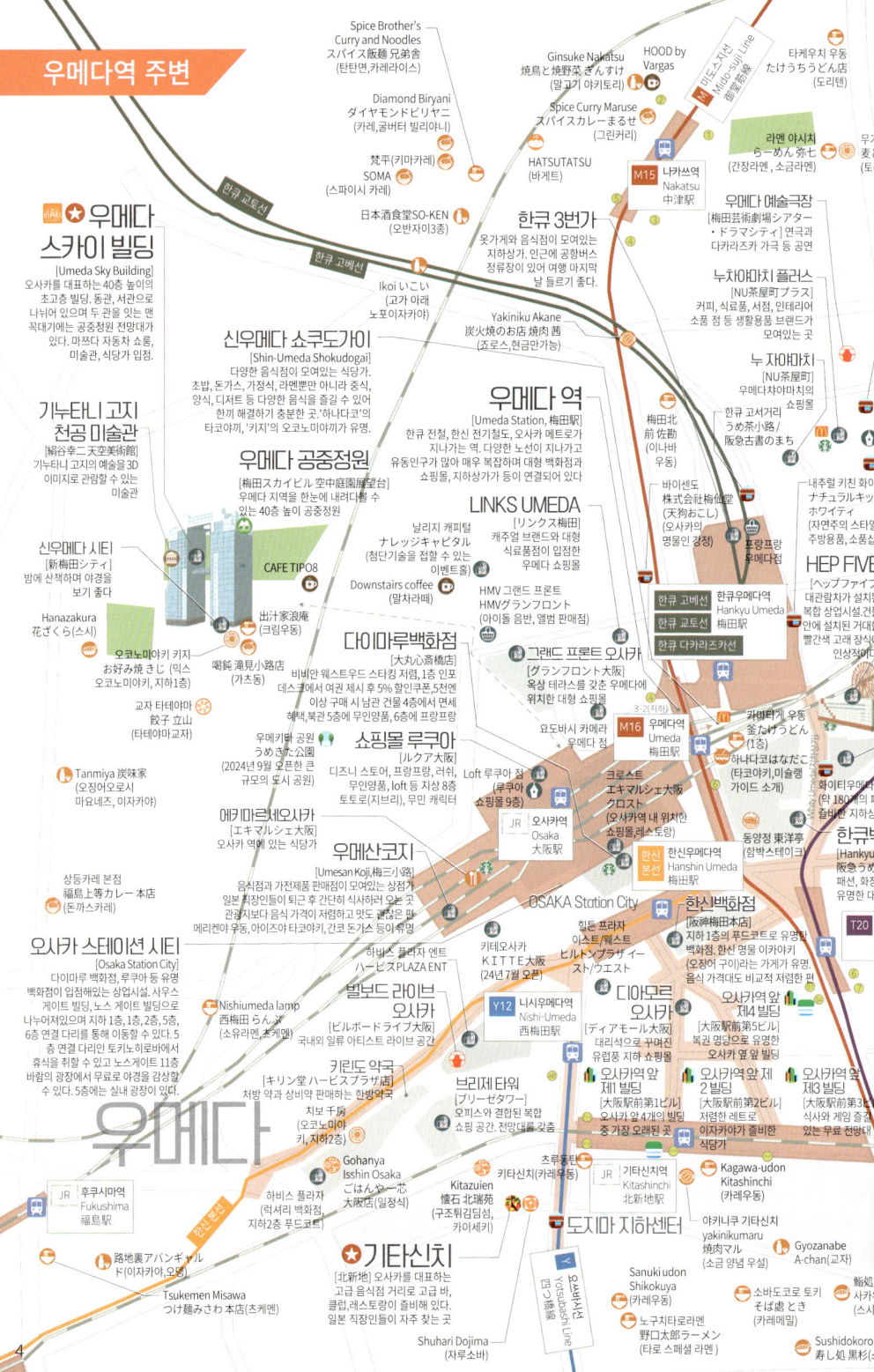

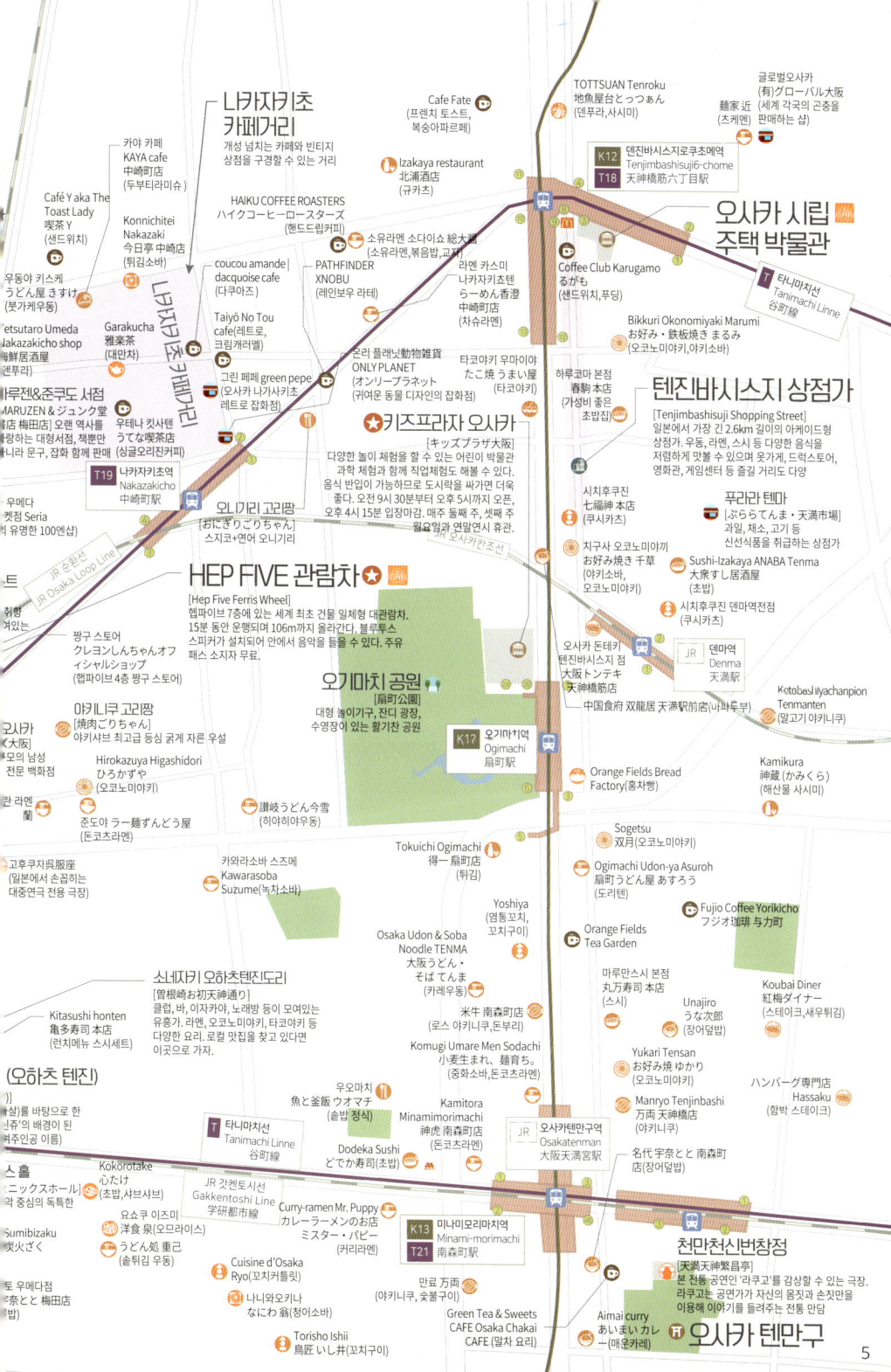

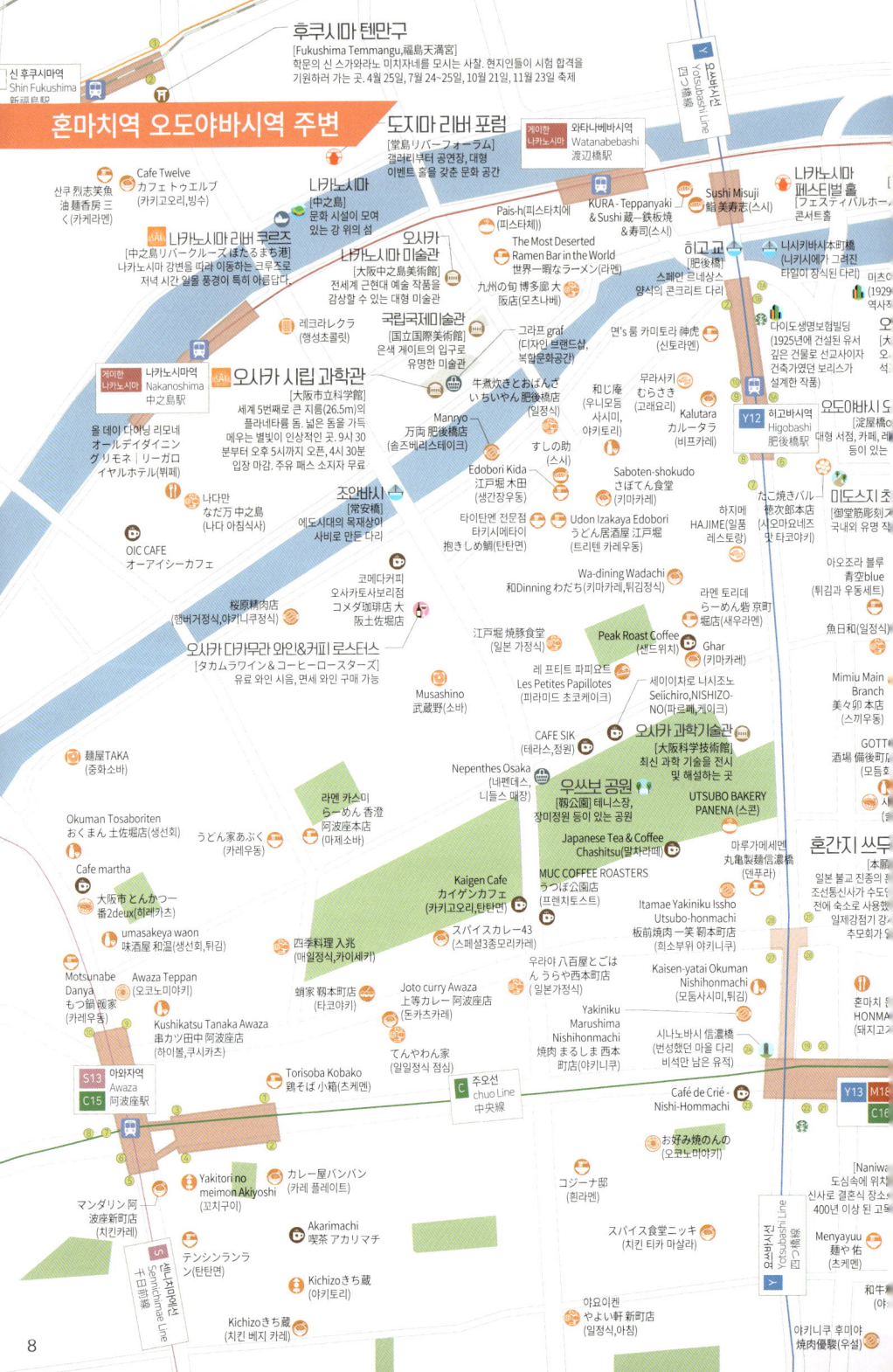

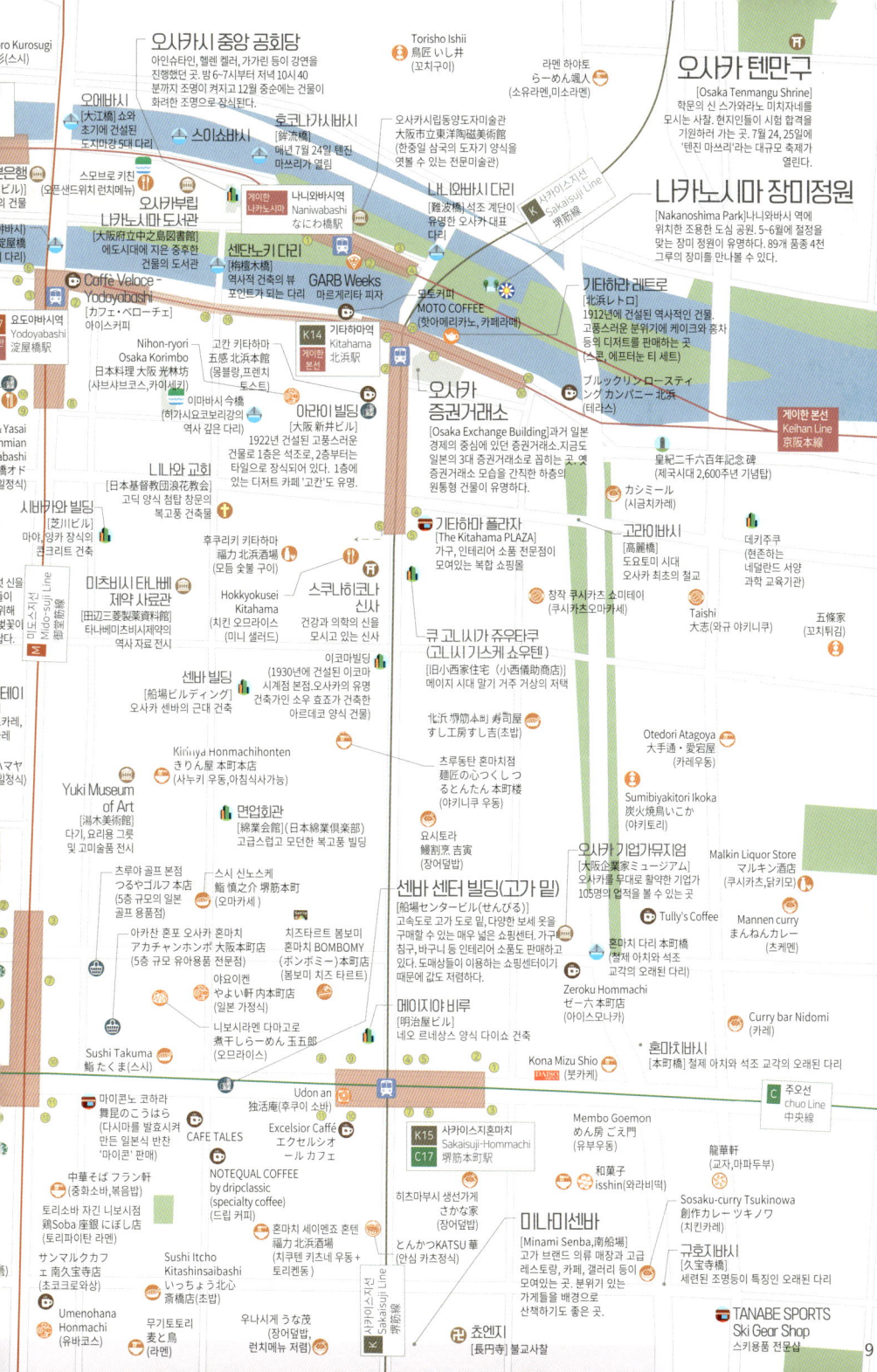

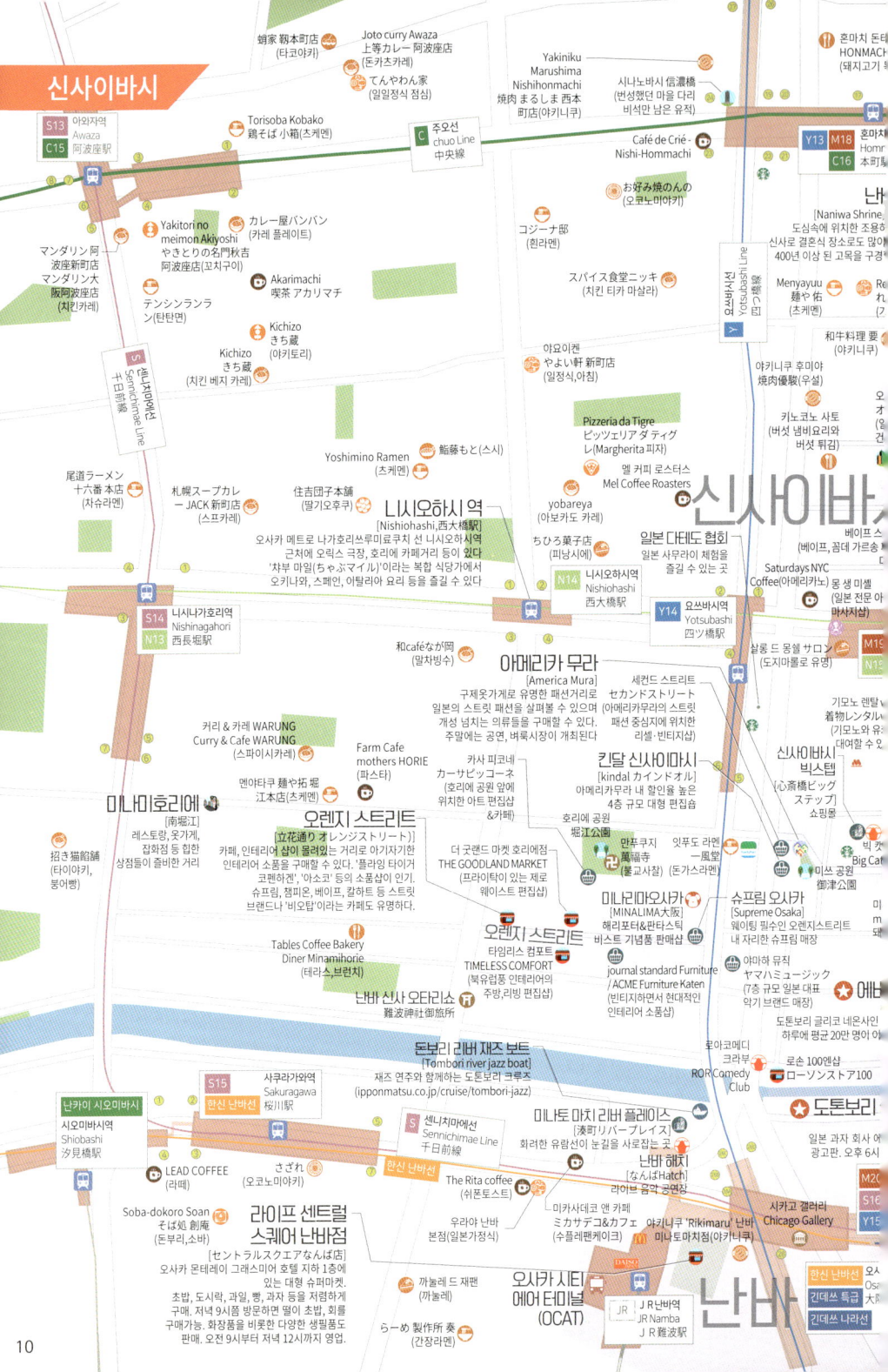

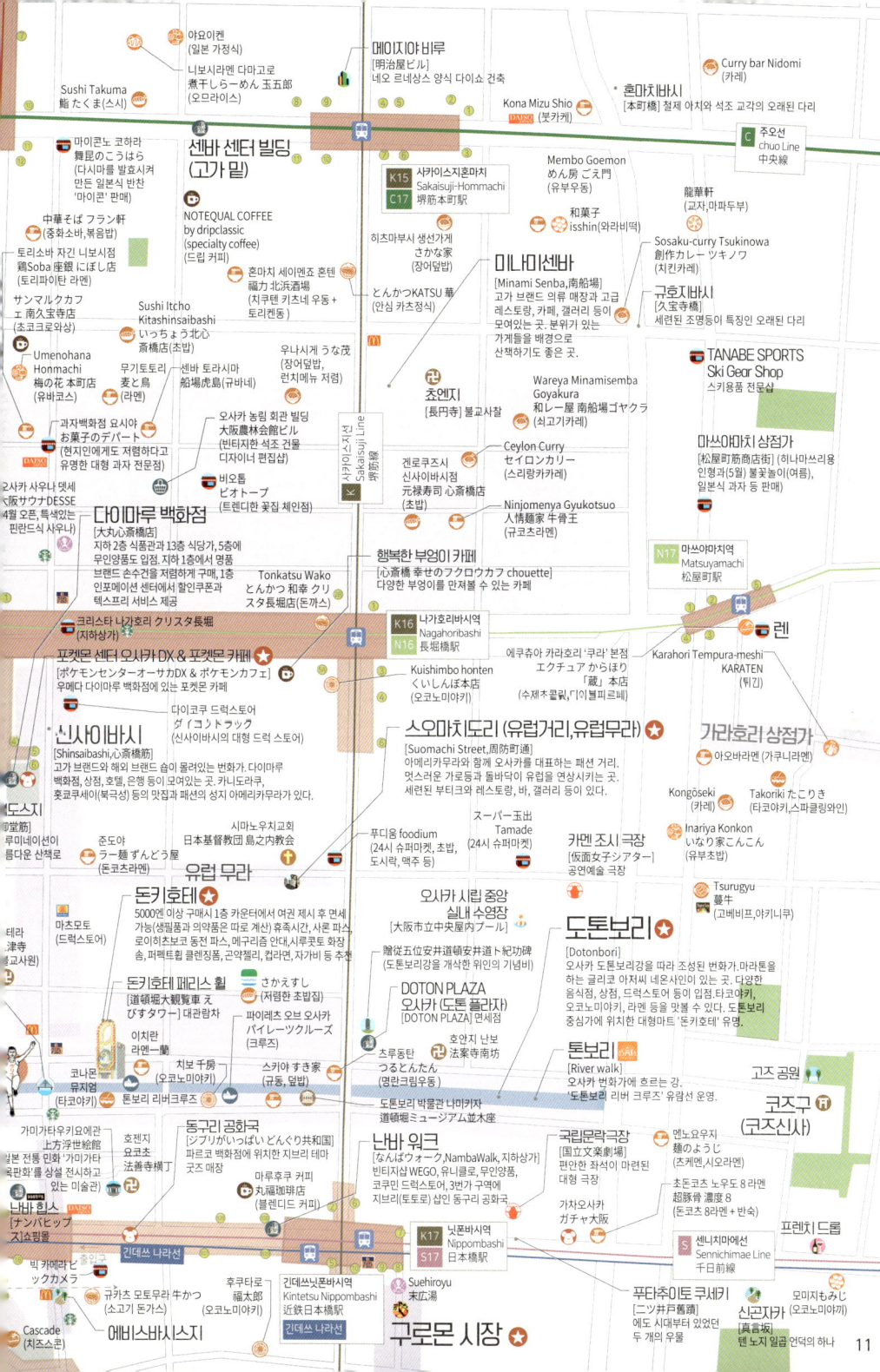

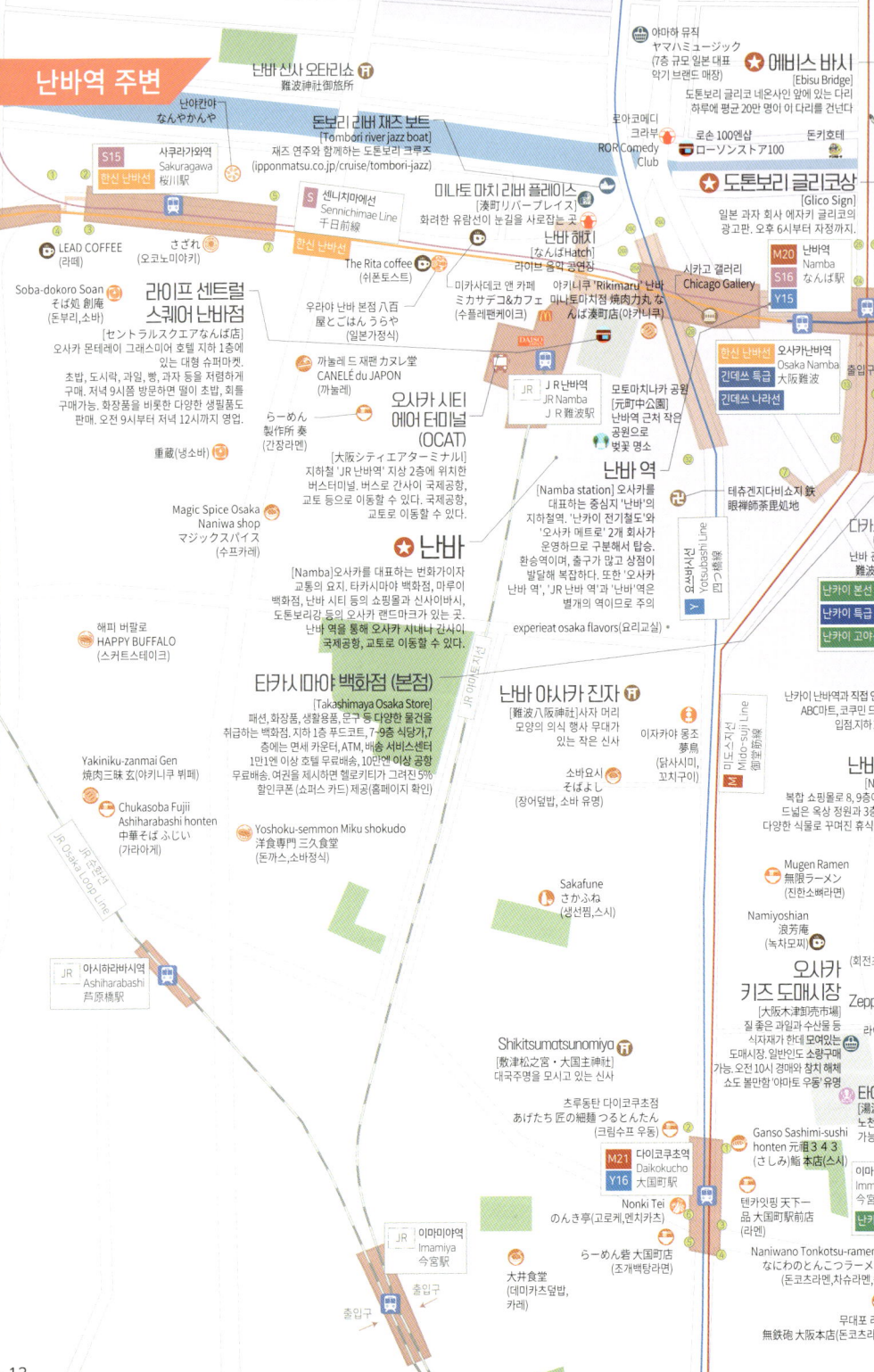

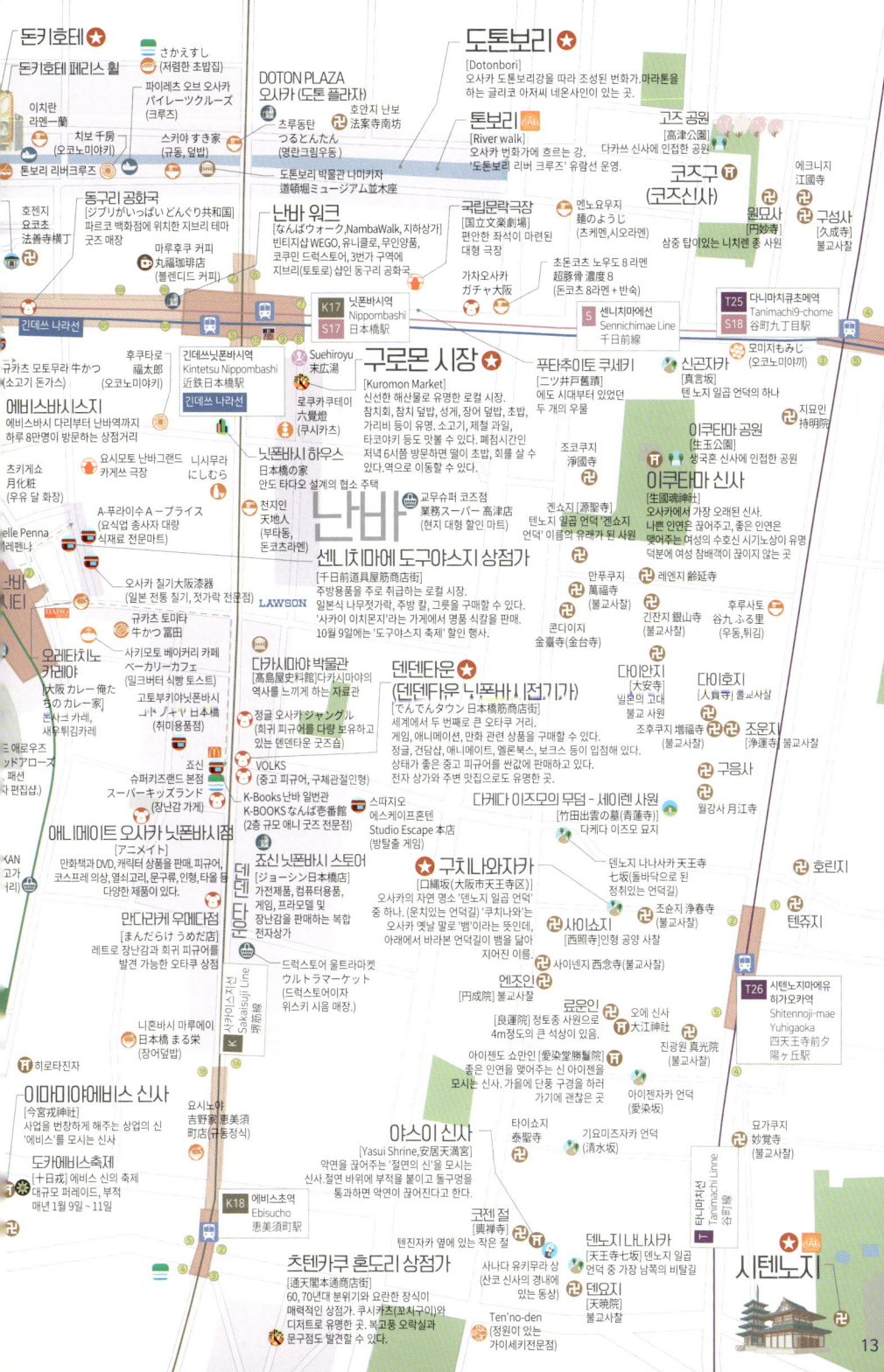

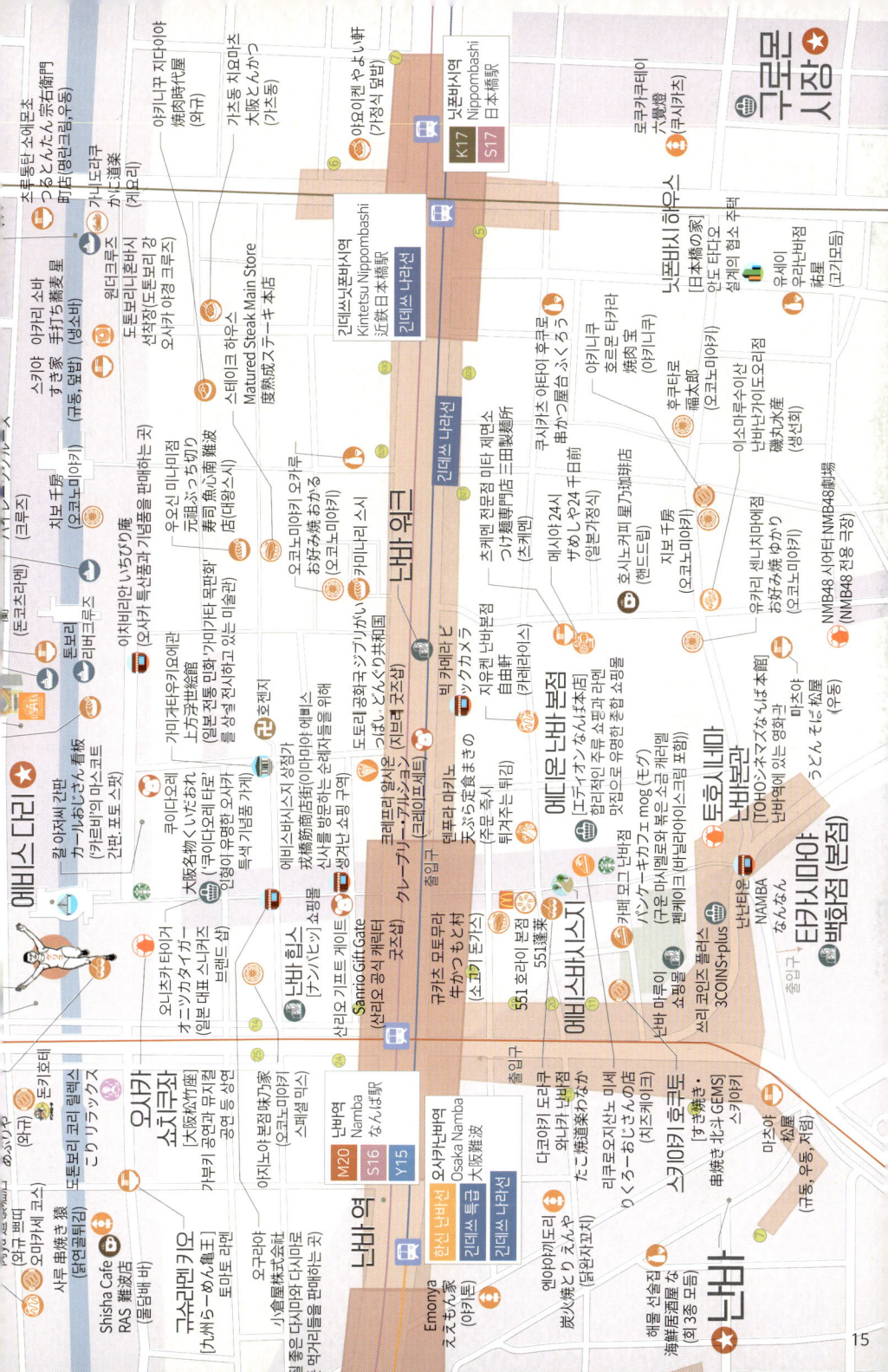

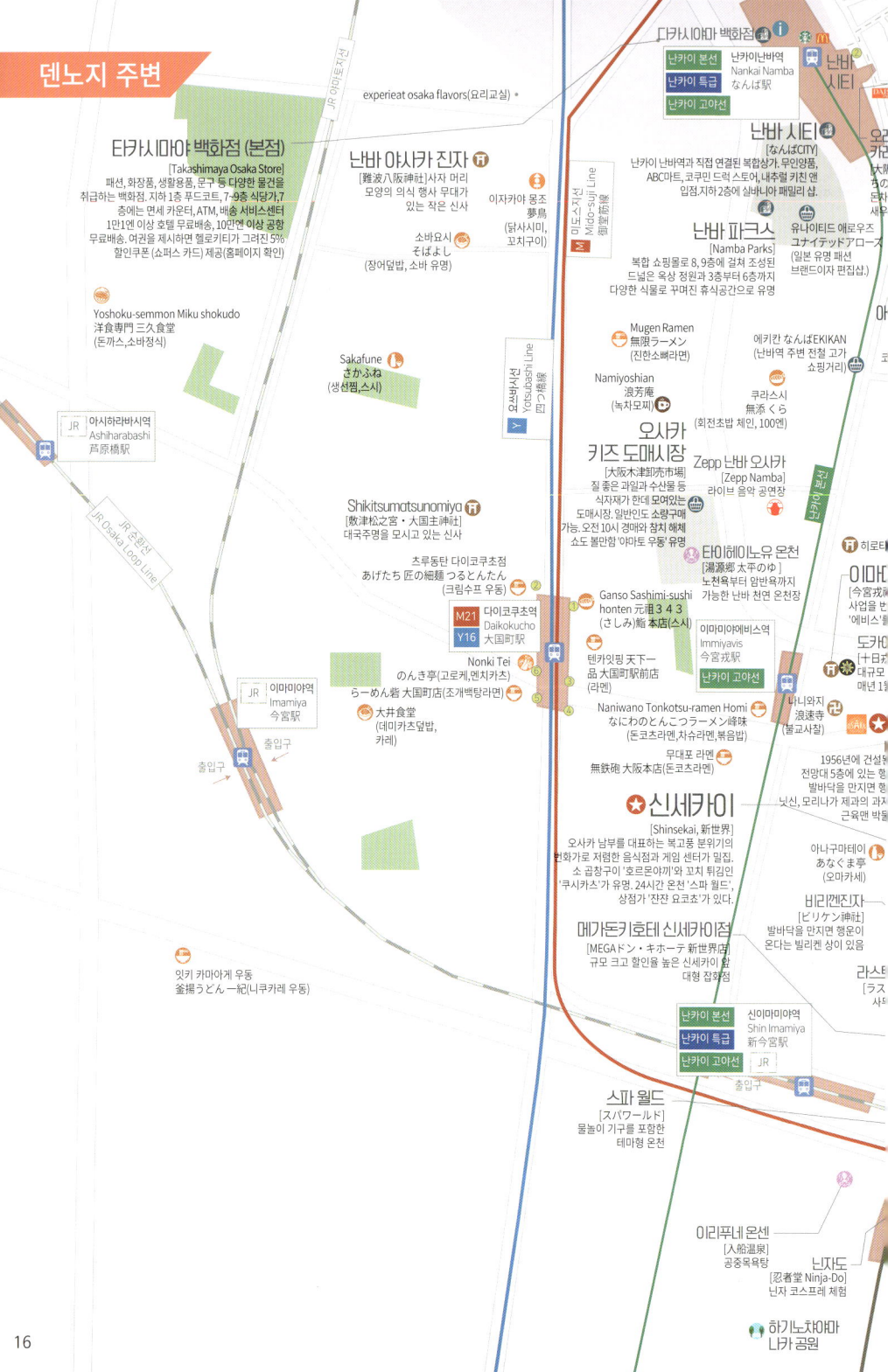

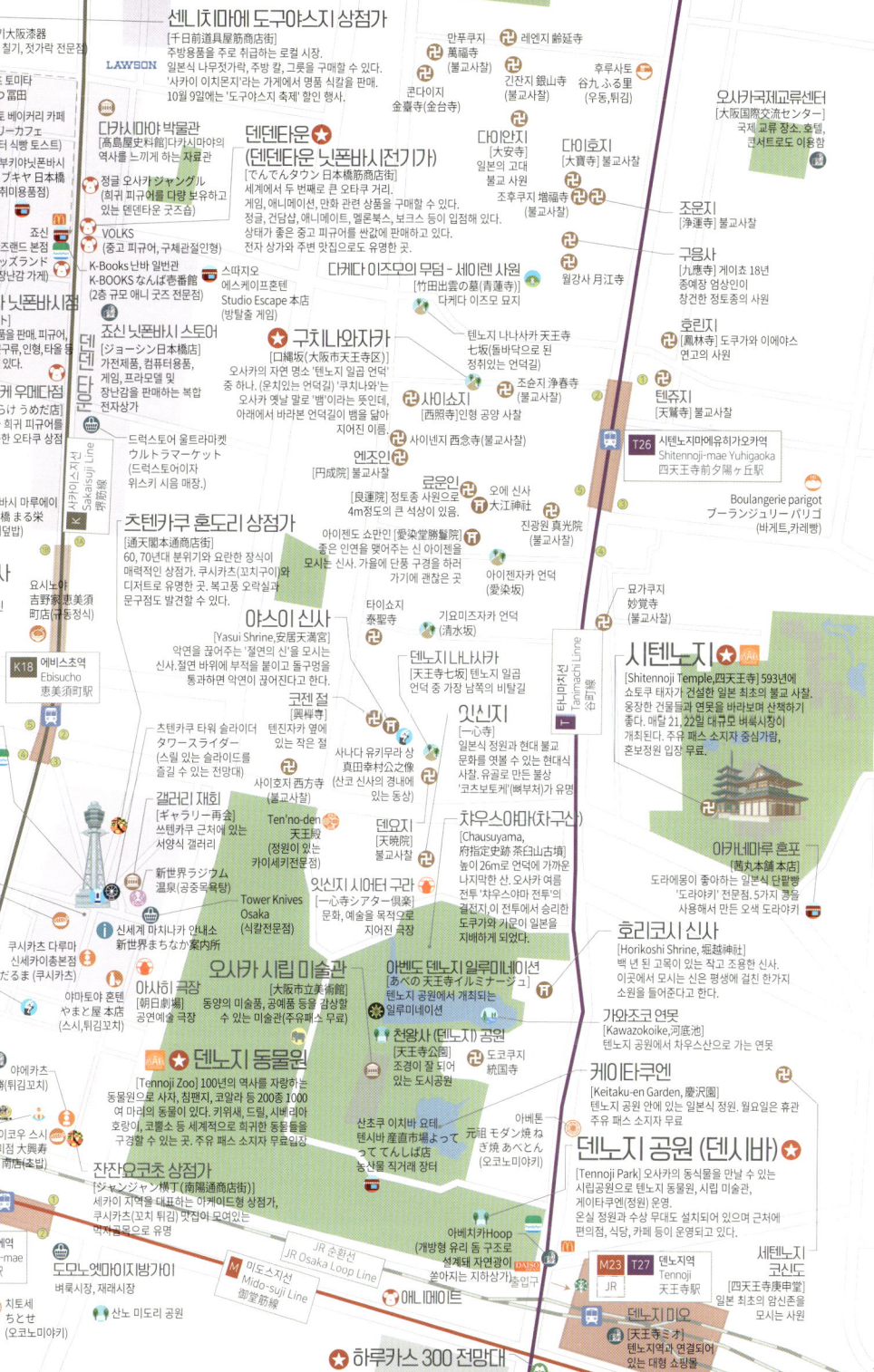

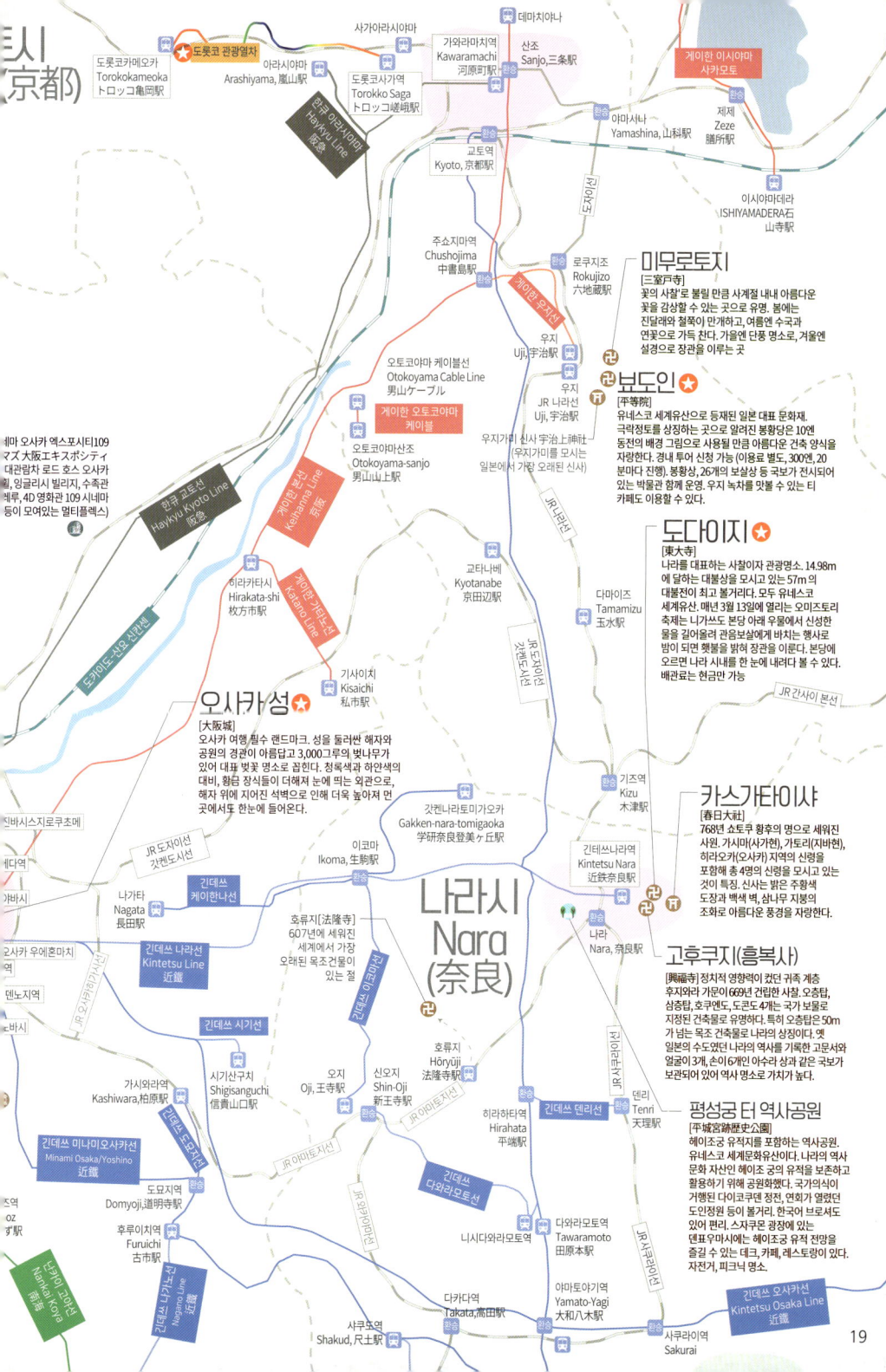

교토 아라시야마·금각사 주변

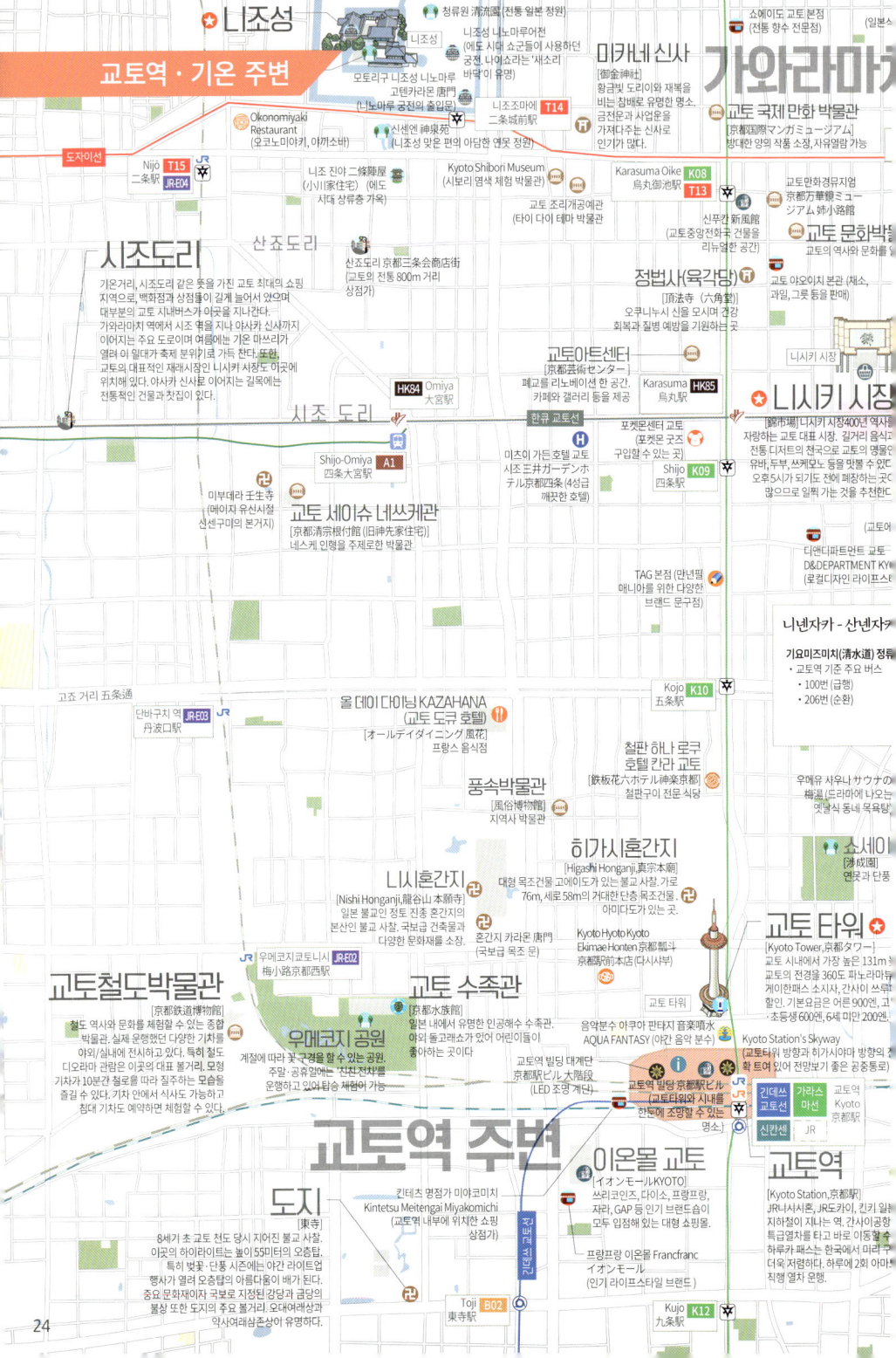

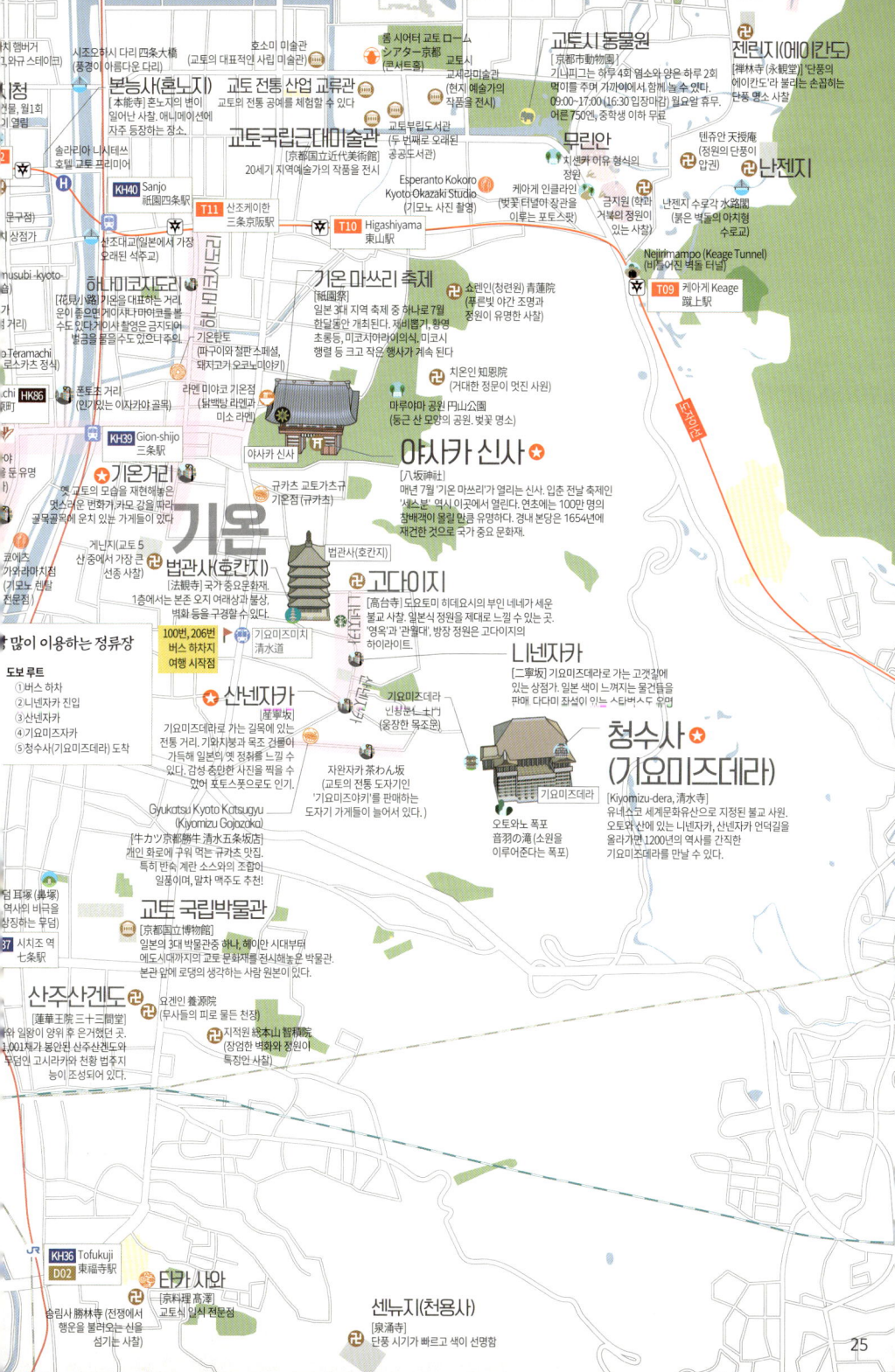

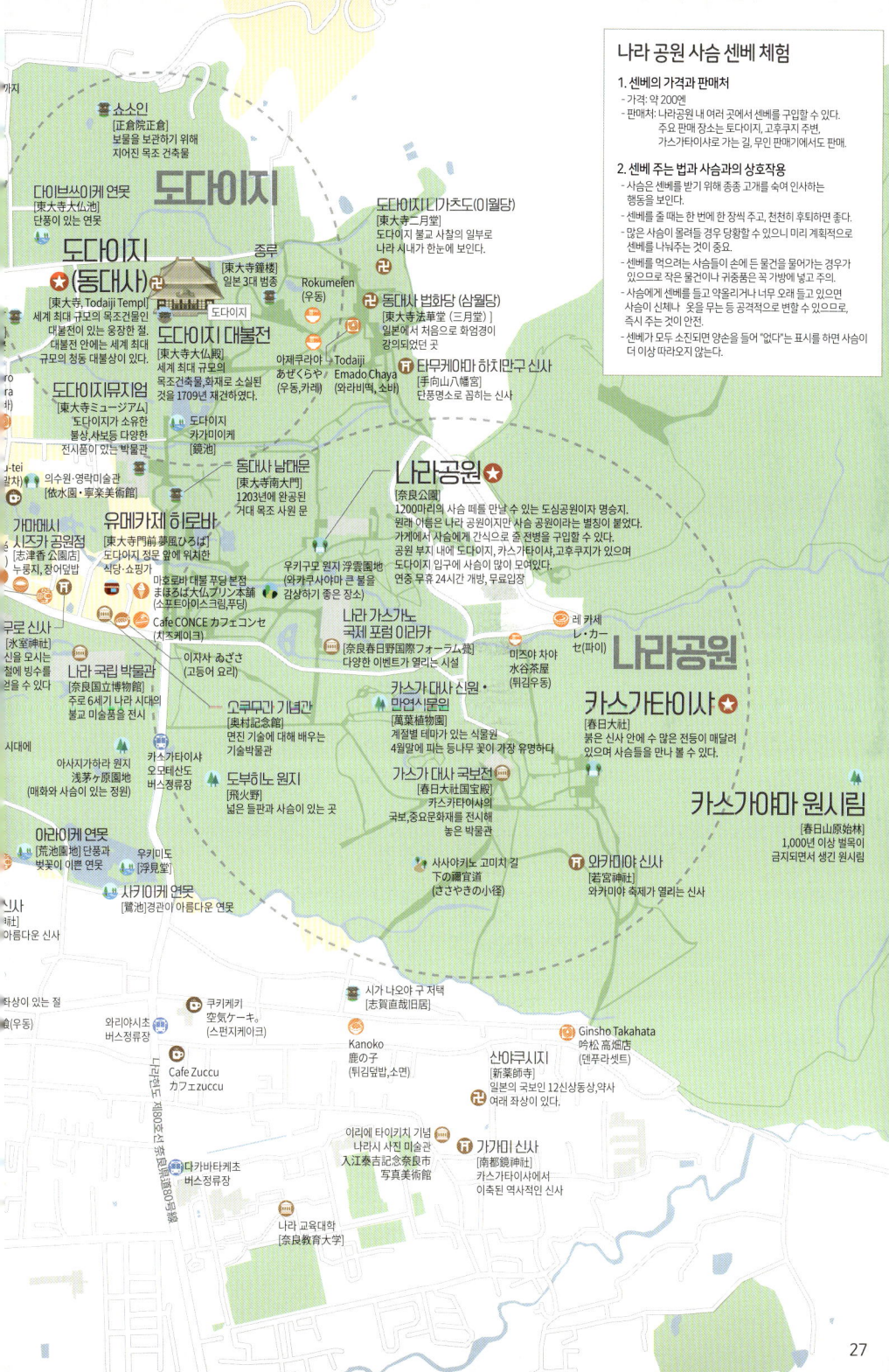

고베 하버랜드 주변

돈카츠 타로
(로스카츠 정식)

사카에마치 거리
(북유럽 스타일의 생활 집

Merican メリカン
(스테이크와
비프카츠 세트 메뉴)

혼간지 고베 별원
(모던 사찰)

**K03 미나토모토마치
みなと元町駅**

오쓰나
(800m

사카에마치 거리
[栄町通] 고베에서 카페와 잡화점으로
유명한 힙한 동네. 개항 이후로 번성한
거리로서구 문명의 흔적을 찾을 수 있다.

요쇼쿠노 아사히
[洋食の朝日]
햄버거 데미글라스 소스,
비프카츠와 크림 고로케.

★ 고베 포트타워
[神戸ポートタワー]
고베항, 시가지를 360도로 조망할 수 있는 파이프
구조 전망대. 전망실 3층 카페는 바닥이 20분간 360
도로 회전한다. 전망실 1층은 유리 바닥으로
되어있어 짜릿함을 느낄 수 있다. 간사이 쓰루패스
소지자 할인. 미나토모토마치역에서 도보 5분

HS34 니시모토마치
(고베고속전철)

고베 베이 크루즈
[神戸ベイクルーズ]
고베항~하버랜드~아카시 해협대교 등 주요
명소를 둘러보는 약 45분 코스의 항구 크루즈.

고베 포트

神戸シーバス boh boh KOBE
(한 시간 코스 유람선)

**플리코 고베
プリコ 神戸**
(JR고베역 연결
쇼핑몰)

우미에 모자이크
[umie モザイク] 쇼핑, 식사, 엔터테인먼트를
한곳에서 즐길 수 있는 복합 쇼핑몰. 야경을
감상하기 위해 저녁에 방문하는 이가 많은 편.
이국적인 식당이 인기

고베 브랜드
(고베 특산품 판매점)

**듀오 고베
デュオこうべ**
(지하쇼핑센터)

고베 A58 JR

고베(고베역)

동구리 공화
(지브리 공식
스토어)

키디랜드 고베점
(캐릭터 장난감 숍)

이온 스타일 우미에
[イオンスタイルumie]
대형 슈퍼마켓. 푸드코트도 함께
운영하고 있다. 면세 가능
(단 오후 8시 반까지만 가능)

고베하버랜드 umie
[神戸ハーバーランドumie]
캐주얼하고 트랜디한 의류 매장 다양하게
입점. 외국인 전용 500엔 할인 쿠폰 제공.
고베항 야경 명소로 유명.

고베 가스등 거리
[Kobe Gas-Light St]
19세기 말 설치된 가스등과 LED 조명이
어우러져 고풍스러운 분위기를
자아내는 가로수 길. 라이트 업 시간은
매일 일몰부터 저녁 11시 30분까지.

**하버워크
ハーバーウォーク**
(랜드마크 야경 명소)

**K04 하버랜드
Harborland**

**하버랜드 공원
ハーバーランド公園**
(항구 근처 조용한 공원)

고베 호빵맨 어린이
박물관 & 쇼핑몰
[神戸アンパンマンこどもミュージアム&モール]
호빵맨 콘셉트에 맞춘 다양한 놀이시설을 갖췄다.
1층과 2층에서 호빵맨 굿즈 쇼핑 가능. 사진
스튜디오에서 기념사진도 촬영할 수 있다.
호빵맨과 친구들 캐릭터 빵도 인기 만점

고베 화교 역사박물관
神戸華僑歴史博物館

Ship Kobe Kaigan Building
(메이지 건축물+현대 빌딩)

쇼센미쓰이 빌딩
株式会社コンプラス
(고베의 근대산업화
문화유산)

베 하버랜드
[神戸ハーバーランド]
관, 박물관 등의 대형 복합
고베 대표 쇼핑·관광 구역.
체로토가 접안하는 항구이
으며 산책하기 좋은 곳이다.
고베역과 고베 시영 지하철
해 있어 접근성이 뛰어나다.

아토아
[アトア]
수족관을 중심으로 무대 미술과 디지털 아트를
융합한, 8가지 테마의 신개념 몰입형 전시. 초대형
구형 수조가 대표적인 포토존.

Cafe Restaurant
Camelia
(애프터눈 티 세트와
런치 뷔페)

가와사키 월드
(기업 박물관)

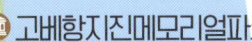
고베항지진메모리얼파크
[神戸港震災メモリアルパーク]
1995년 1월 17일 발생한 한신·아와지 대지진의
참상을 기억하기 위해 조성된 공원.

투스투스 마트 푸드
홀&나이트 페스
(고베규, 화덕 피자)

고베 해양 박물관
[神戸海洋博物館]
해양 박물관. 파도와 범선의 돛 이미지를 가지고
있는 높이 45m의 외관이 눈에 띄는 곳.

고베 포트
뮤지엄(KPM)
[神戸ポートミュージアム(KPM)]
다각형 외관의 그레이색 외관이
독특한 박물관. 뮤지엄 숍에서 아토아
굿즈 구매 가능.

Bell of Hortensia
(메리켄파크 랜드마크)

켄 공원
진 기념관, 해사
는 도심의 해안
베 루미나리에
도 하다. (12월
는 유료 입장)

BE KOBE 모뉴먼트
(메리켄파크)
[BE KOBE モニュメント]
메리켄파크 내에 자리한 'BE KOBE' 조형물. 고베항
개항 150주년을 기념하여 설치. 야간 라이트 업 진행.

즈 콘체르토
ンチェルト]
리는 크루즈를 타고 즐기는
시간 1시간 30분~2시간.

루미너스 고베2
[神戸クルーズ ルミナス神戸2]
프랑스 여객선 SS 노르망디를 모티브로 하여
꾸며진 선상 레스토랑.

테라스 &
다이닝 올 플래그
(신선한 해산물과
고베규 요리)

람차

크 대관람차 ⭐
観覧車]
롯코산, 고베 대교까지 한눈에 볼 수 있는
대표 야경 명소로 손꼽히는 곳. 밤에는
LED를 사용한 일루미네이션으로 밝게 빛난다.

제품구성

예시) 에이든 파리 여

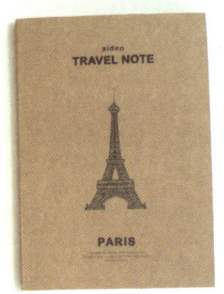

1 에이든 여행지도의 대부분 구성은 좌측에 보는 바와 같이 **지도 2장(또는 한장), 맵북, 트래블노트, 깃발스티커** 로 이루어져 있습니다.

PACKAGE
COMPOSITION

1. 개선문부터 생 루이섬까지, 여행지, 맛집 등 파리 주요지역을 담은 상세 지도 1장(A1 접지)
2. 파리 1구부터 20구까지 한 눈에 볼 수 있게 파리 전체를 담은 지도 1장(A1 접지)
3. 책 형태로 볼 수 있도록 지도를 여러 구도로 잘라내서 만든 맵북 1권(A5 사이즈)
4. 파리 여행 계획을 세울 수 있도록 만들어진 체크리스트와 백지도를 담은 트래블노트 1권
5. 가야 할 곳 또는 가본 곳을 표시 할 수 있는 깃발 스티커 100개 들이 1 세트
6. 1번부터 5번까지 제품들을 깔끔하고 안전하게 담을 수 있는 패키지 케이스

국내를 비롯하여 해외의 여행지도를 제작하는 출판사 타블라라사의 브랜드 "에이든 여행지도" 입니다.

저희 지도는 길 찾는 용도로 만들어진 지도가 아닙니다. 길은 구글지도나 네이버 지도로 찾으시고 여행지를 전체적으로 살펴보며 계획을 세울 때 그때 활용할 수 있는 지도를 제작했습니다. 조금 복잡하더라도 요약된 많은 정보를 제공할 수 있다면, 가이드북이나 네이버를 검색하지 않더라도 지도 한 장으로 준비 없이 여행을 떠날 수 있을 것이기 때문입니다.

특정 도시로 여행을 떠나기 전에 어디를 갈지, 뭘 먹을지, 어떤 재미난 액티비티를 할지 찾아보시고 지도에 메모해 두시잖아요? 미리 수천시간 노력해서 다 찾아놓았다! 라고 생각하시면 되실 같습니다.

아날로그라고 무시하게 아닌게, 이렇게 방수되는 종이로 아무렇게나 접어서 주머니에 넣을 수 있는 40인치나 되는 플렉시블한 디스플레이는 현재 없습니다! 또한 당분간 개발되지도 못합니다.

"아날로그는 나쁘거나 불편한 것이 아닙니다"

에이든은 디지털 기술을 이용해 최고의 아날로그 여행지도를 만들고 있는 중이며 여행자들의 의견이 넘쳐나는 살아있는 플랫폼으로 가기위해 노력하고 있습니다. 한국인의 특성이 살아 있는 이 지도로 해외시장으로 진출하는 그 과정을 응원해주세요!

02 이렇게 좋은 여행지도 누가 만들었을까요?

17년 경력의 여행콘텐츠 전문가 그룹 **에이든**

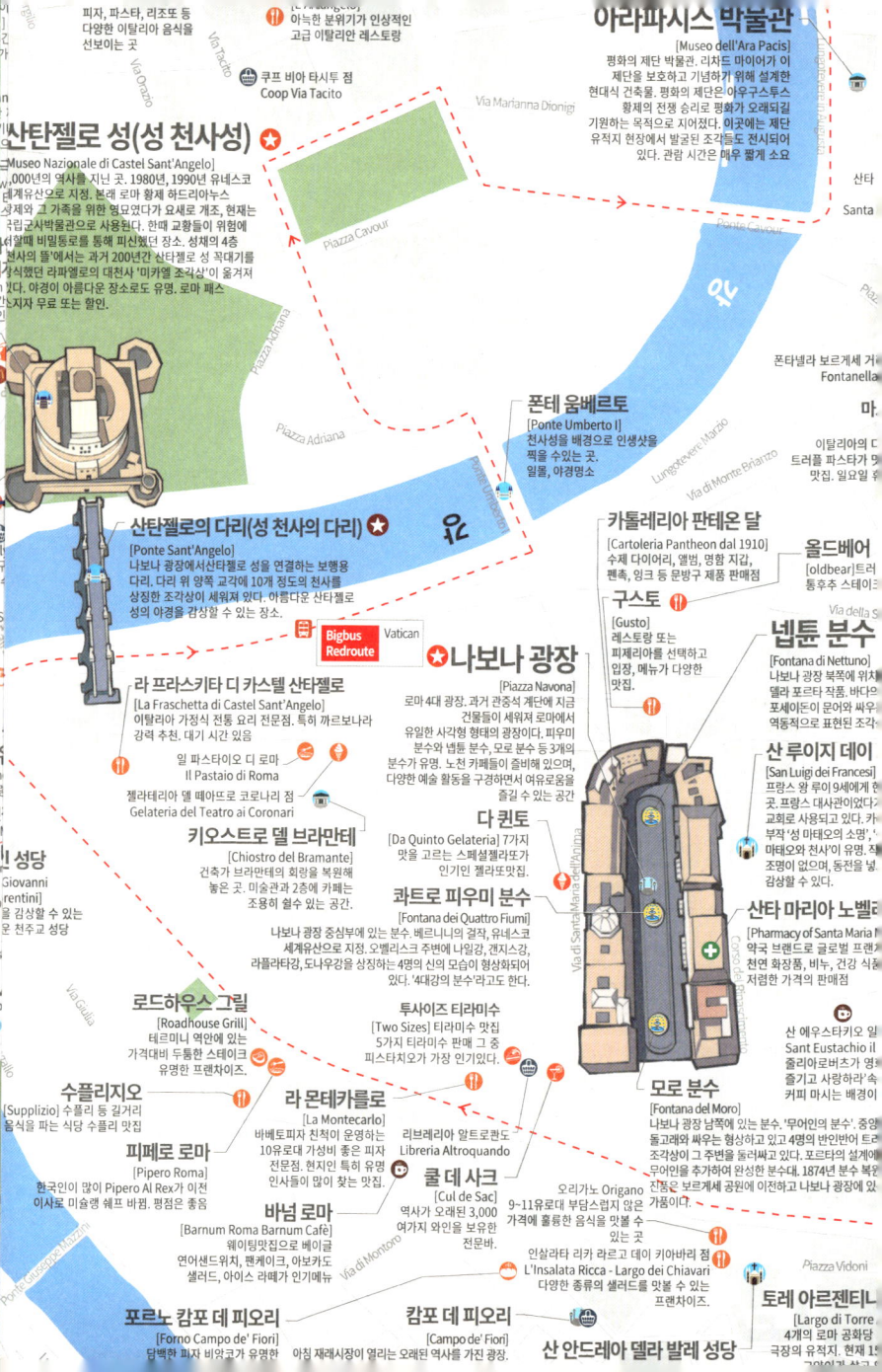

알프레도
[Ristorante Alfredo]
전세계적으로 사랑받는 알프레도
크림소스를 개발한 원조 식당.

칸티나 벨시아나
[Cantina Belsiana]
비교적 합리적인 가격의 와인과
가 라자냐가 맛있는 곳.

L'Olfattorio – Bar à Parfums

돌체 앤 가바나
Dolce&Gabbana

스페인 광장
[Piazza di Spagna]
로마에서 제일 유명한 광장. 17세기
스페인 영사관이 있었던 곳.
'바르카치아 분수', '스페인 계단',
'트리니타 데이 몬테 성당' 등
볼거리가 가득하는 장소. '로마의 휴일'
등 많은 영화의 배경이 되기도 했다.
광장에서 유명 쇼핑 거리 콘도티
거리와 이어져있다.

바빙톤스 티 룸
[BABINGTON'S TEA ROOM]
다채로운 블렌딩으로 유명한
고급 영국식 찻집.

보르살리노
Borsalino

그레케
Grecale
Grecale Leathe

오스테리아 바르
[Osteria Bar
품질 좋은
요리를 파는 곳

페라리 스토어 Ferrari Store

콘도티 거리
[Via Condotti]
스페인 광장에서 시작하는 명품샵이 모여
있는 거리. 많은 명품 브랜드들이 입점.
골목 사이사이에는 기념품과 다양한
상점이 있어 구경하는 재미가 있다. 여름은
7~8월, 겨울은 1~2월 명품 세일 기간.

디즈니 스토어
[Disney Store]
디즈니 캐릭터들의 피규어, 인형, 옷 등
판매하는 디즈니 장난감 가게

TreCaffe - Bistro
[Trecaffè - Via dei due
Macelli] 파스타치오
크루아상, 카푸치노가 인기 있다.
아이스아메리카노를 파는 곳

실라
Cilla

리나센테 로마 트리토네
[Rinascente Roma Tritone]
150년 전통의 럭셔리한 백화점. 구찌,
루이비통, 발렌티노 등 유명 명품
브랜드부터 생활잡화까지 다양한 매장과
편의시설 입점 복합 쇼핑몰
7층 루프탑이 인스타 인기 야경명소.

에이든 로마
여행지도

코르소 거리
[Via del Corso]
베네치아 광장부터 포폴로광장까지 로마 중심을
관통하는 대표 번화가. 명품거리 콘도티 거리와 교차.
디즈니스토어, 망고, 자라 등 중저가 브랜드와
편집샵, 로컬 브랜드 등이 입점, 이탈리아의 패션
트렌드를 엿볼수 있는 거리. 'SALDI(Sale)'는 보통
20~50% 할인, 상품을 저렴하게 득템할 기회!

라이프 식당
[Ristorante Life]
랍스타 파스타, 라비올리,
트러플 스테이크가
유명한 고급 레스토랑.
사전 예약 필수

리스토란테 피자
치로 메르세데 거리 점
[Ristorante Pizza Ciro Mercede]
세수대야 파스타로 유명한 맛집.
특히 오일 파스타인 링귀네 알라
치로 추천

[Ristorante Crispi 19]
럭셔리한 식사를 할 수 있는
지중해풍 고급 레스토랑

포레오 FOREO

트리토너
[Fontana de
바르베리니 광장을 상징하는 분수.
바르베리니 교황을 위해 만들어진 베르
분수에서 교황의 삼중관, 성 베드로
바르베리니 상징 꿀벌 문장을 찾아봐

댓츠 아모르
[That's Amore]
현지인과 외국인
관광객 인기 있는
양이 많은 맛집.

지올리티 알 비카리오 점
[Giolitti Al Vicario]
로마 젤라또 3대 맛집, 4대째 젤라테리아 운영
하는 곳. 쌀맛 젤라또 추천

벤키
[Venchi Cioccolato e Gelato]
로마 젤라또 5대 맛집, 초콜렛맛
젤라또 추천.

일 키안티
[Il Chianti Vineria]
다양한 와인, 토스카나 지역의
음식, 티라미수가 일품인 곳.

클락스 로마 판테온
[Clarks Roma Pantheon]
부츠, 브로그 슈즈, 샌들,
레스 업 또는 데저트 부츠 등
다양한 신발을 판매하는 상점

빠네 에 살라미
[Pane e Salame]
5유로대 저렴하고 다양한
파니니를 맛볼 수 있는 곳.
점심시간에는 대기 시간 있음

트레비 분수
[Fontana di Trevi]
세갈래 길(Trevia)이 합쳐진다는 뜻을 가진 분수. 1980년,
1990년 유네스코 세계유산으로 지정. 1435년 건축을 후
오렌지궁 개축과 증축을 거쳐 1762년 완공된 바로크
양식의 최고 걸작. 개선문을 본뜬 예의 앞에 대양의 신
오케아노스가 가운데 서있고, 양 옆에는 반인반마의
바다의 신 트리톤이 전차를 끄는 모습이 웅장하게
조각되어 있다. 지하철 A선 Barberini 역에서 걸어서 5분.
영화 '로마의 휴일' 촬영 장소.

피자 인 트레비
[Pizza in Trevi]
트레비분수 앞 피자집
버팔로피자, 파스타

퀴리날레 궁전
[Palazzo del Quirinale]
로마의 7개 언덕 중 가장 높은 퀴리날레 언덕에
세워진 오래된 궁전. 현재 이탈리아 대통령
관저로 사용. 매일 오후 3시 근위병 교대식을
관람하는 것. 내부는 투어를 통해 관람 가능

타짜 도로
[La Casa Del Caffè Tazza
D'oro] 한국에도 지점이 있는
전 세계적으로 로스팅
커피로 유명한 카페.

이코노 이탈리아
[IKONO] 로마 이코노
이탈리아 몰입형 전시회
9개의 객실로 이루어져있고,
그 중 볼풀장이 인기있다.

산티냐조 디 로욜라 성당
[Chiesa di Sant'Ignazio di Loyola]
예수회 설립자, 종교 개혁의 대항아
이그나티우스를 위해 지어진 성당. 실제보다 3배
높게 보이는 착시효과가 뛰어난 '산티냐조 디
로욜라의 영광' 천장 프레스코화가 유명.

퀴리날레 박물관
[Scuderie del Quirinale]
퀴리날레 궁전 마구간으로 사용되던
곳. 현재 다양한 예술 작품 전시회가
열린다. 로마 전경을 볼 수 있는 가장
높은 뷰포인트.

베네치아 궁전
[Palazzo di Venezia]

산타 마리아 소프라 미네르바
[Chiesa di Santa Maria Sopra Minerva]
로마에서 보기 힘든 고딕 건축 양식의 성당.
미네르바 여신 사원의 유적이 있었던 곳.
카테리나 등 유명 인사들의 무덤이 있는 역사
장소이다. 미켈란젤로의 '십자가를 든 예수
그리스도', 베르니니의 '마리아 라지를 위한
기념물'과 많은 예술품을 소장하여
미술관이라 불린다. 갈릴레오가 종교 재판을
받은 장소로도 유명.

판테온 [Pantheon] 로마 고대 건축의 백미. 1980년, 1990년
유네스코 세계유산 지정. 기원전 27년 아그리파가 로마
의 모든 신들을 위한 신전(일명 만신전)으로 건설 후
화재로 125년 재건. 19세기까지 '산타 마리아 로툰다
당'으로 사용된 덕분에 이교도라는 낙인 없이 원형이 잘
남은 건축물. 철근을 사용하지 않는 세계에서 가장
큰 콘크리트 돔이다. 태양을 형상화한 직경 9m의
천장 개구부(Oculus)는 자연 채광으로 조명
과 냉각, 통풍의 기능도 수행한다. 내부에는 비토리오
에마누엘 2세, 라파엘로 등 유명인사의 납골당이
치되어 있다. 무료 입장

일 제수 성당
[Chiesa del Gesù]
정식 명칭은 예수의 신성한 이름 교회. 로마
최초의 예수회 성당 본부, 전세계 예수회
성당의 건축학적 모델이 된 곳이다. 이곳의

피냐 분수
Fontana della Pigna

에이든
로마 여행지도

이 페이지는
본구성인 A1사이즈
(841*594mm)지도
포스터의 일부를
실제 인쇄사이즈에 맞
추어 일부만 보여드리
는 예시 페이지입니

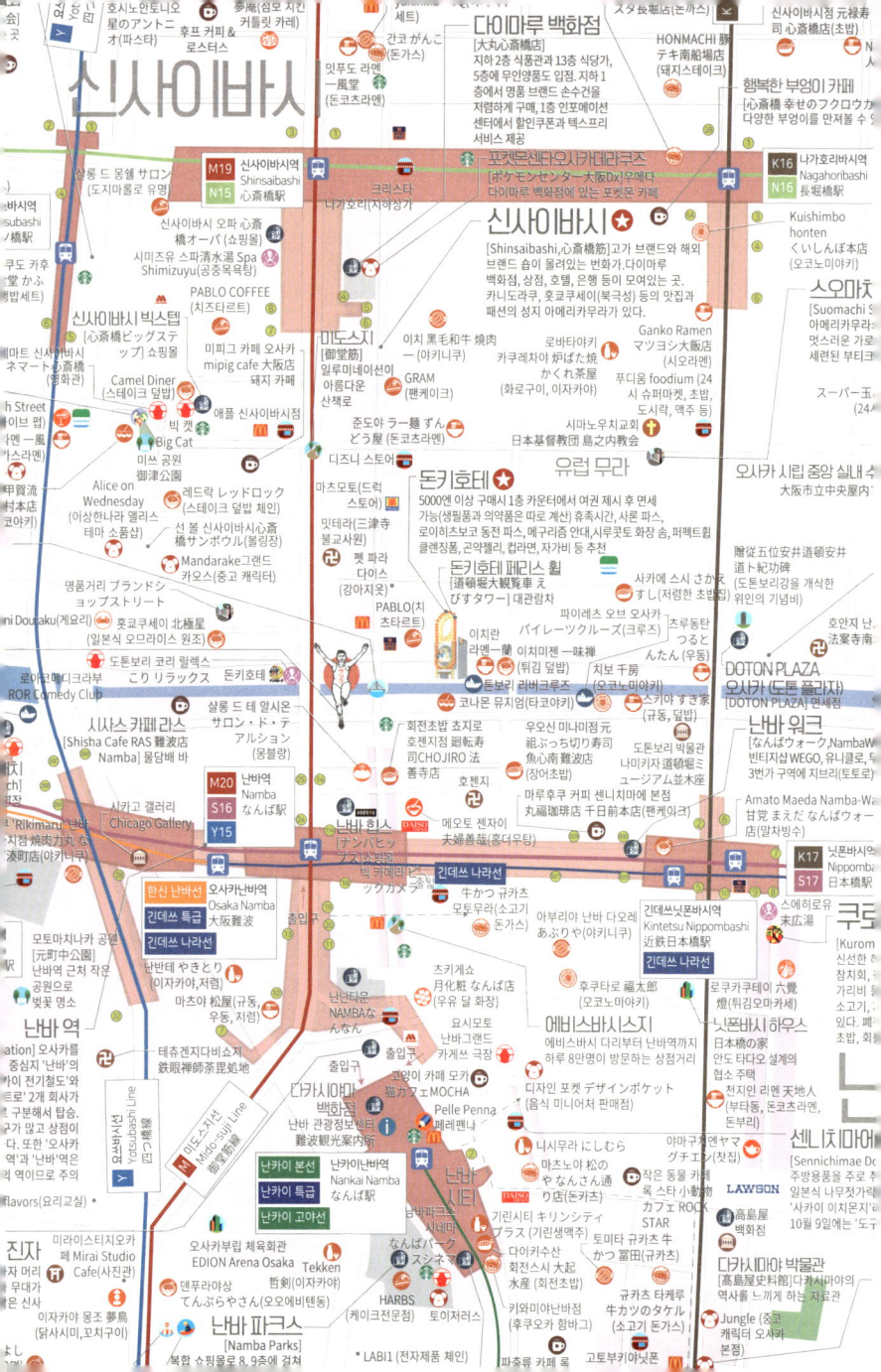

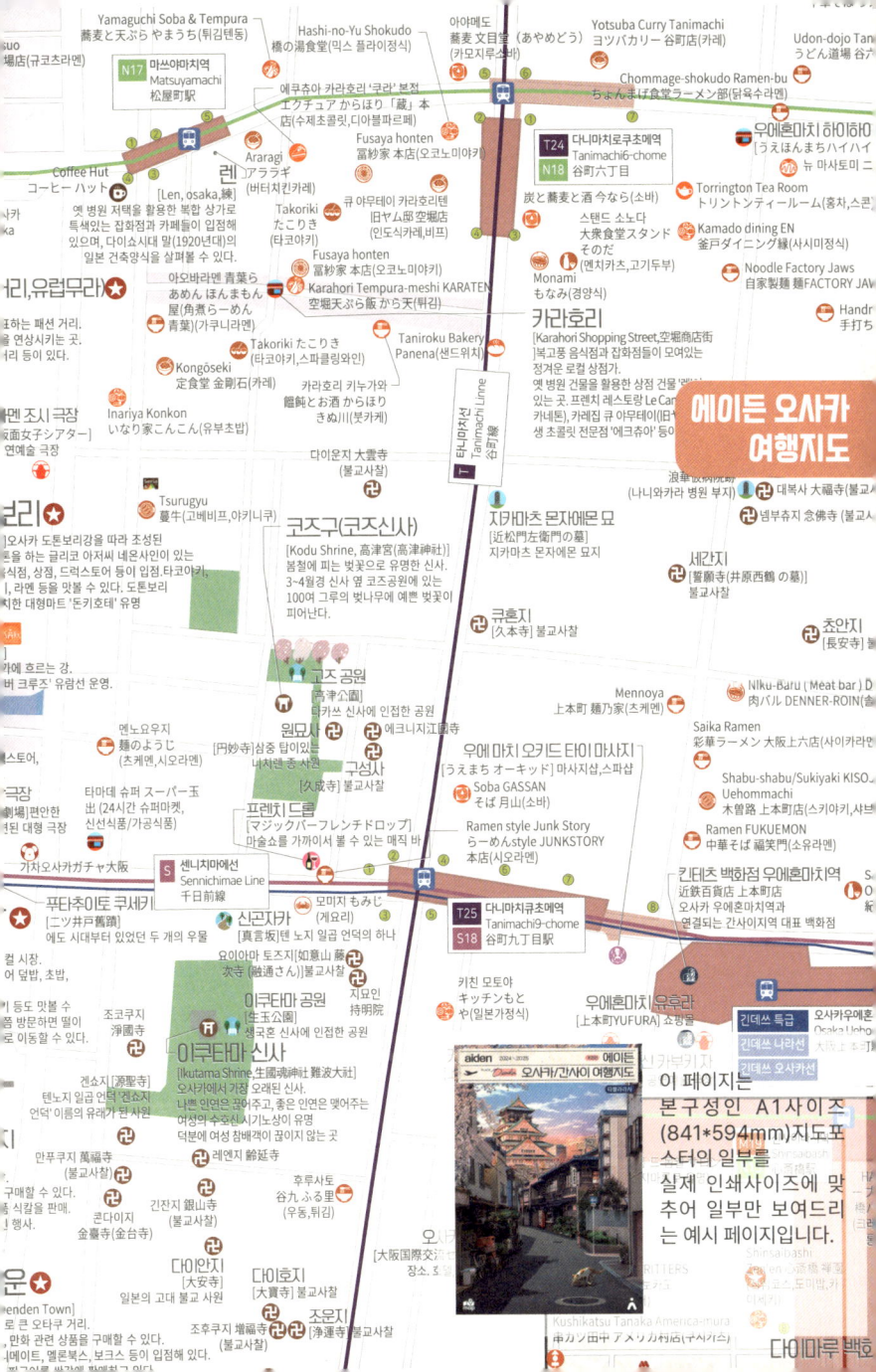

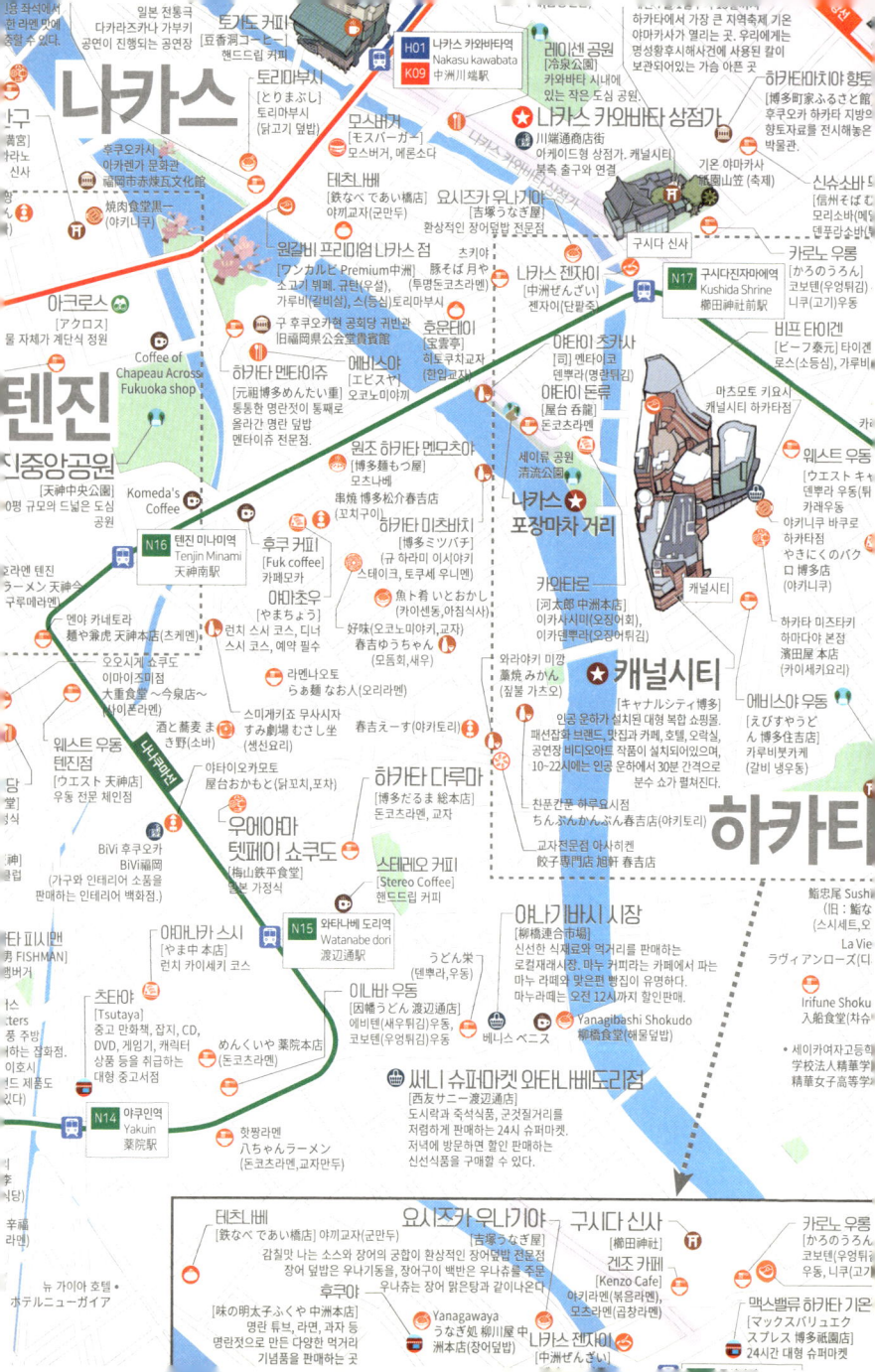

두번째 해외 여행이라면
에이든 여행지도 시리즈

국내
전국
제주
서울
역사
캠핑

유럽
이탈리아 중북부
포르투갈
바르셀로나
로마
파리
런던
유럽

아시아
오사카
도쿄
후쿠오카
다낭
홍콩
마카오
타이베이

미주 및 기타
뉴욕
괌
사이판
세계

In case of loss, please return to

....
....
....

As a reward

....

PREVIEW
CHECK LIST - 오사카

TO DO LIST

- [ ] 나카노시마 공원 장미 감상
- [ ] 다이마루 백화점 (신사이바시) 명품 쇼핑
- [ ] 덴덴 타운에서 게임, 만화 굿즈 구매
- [ ] 덴포잔 하버 빌리지 대관람차 탑승
- [ ] 도톤보리 '돈키호테' 마트 쇼핑
- [ ] 도톤보리 리버 재즈 보트 탑승
- [ ] 도톤보리 마라톤 글리코 아저씨 네온사인 촬영
- [ ] 돈키호테 페리스 휠 탑승
- [ ] 마이시마 소각장 훈데르트 바서 건물 관람
- [ ] 미도스지 은행나무길 걷기
- [ ] 소라니와 온천 즐기기
- [ ] 수상버스 아쿠아 라이너 탑승
- [ ] 시텐노지 사찰 산책
- [ ] 신사이바시스지 상점가 쇼핑
- [ ] 아메리카 무라에서 보세옷 구매하기
- [ ] 아베노 하루카스 통유리 전망대 오사카 시내 조망
- [ ] 오사카 주택 박물관 기모노 체험
- [ ] 오사카성 망루형 천수각 관람
- [ ] 오사카항 범선형 관광선 타기
- [ ] 우메다 스카이 빌딩 전망대 감상
- [ ] 유니버셜 스튜디오 재팬 슈퍼 닌텐도 월드 가보기
- [ ] 츠텐카쿠 행운의 동상, 빌라켄 발바닥 만지기
- [ ] 쿠로몬 시장 해산물 쇼핑
- [ ] 타코야키 뮤지엄에서 굿즈 구매하기
- [ ] 텐노지 동물원 키위새, 코뿔소 희귀동물 관람
- [ ] 텐만구 신사 합격 소원 빌기
- [ ] 텐진바시스지 상점가 우동, 라멘 즐기기
- [ ] 하루카스 300 전망대에서 오사카 전경 조망
- [ ] 한큐 백화점(본점) 꼼데가르송, 바오바오백, 도지마롤 쇼핑
- [ ] 햅파이브(HEP FIVE) 쇼핑 및 대관람차 탑승
- [ ] 햅파이브(HEP FIVE) 관람차 블루투스 음악 감상
- [ ] 호젠지 불상에 소원 빌기
- [ ] OMM 스카이가든 고층빌딩 조망

LANDMARK LIST

- [ ] 국립 국제 미술관
- [ ] 그랜드 프론트
- [ ] 기타신치 고급음식거리
- [ ] 나카노시마 공원
- [ ] 난바 에비스바시스지 상점가
- [ ] 난바 역
- [ ] 난바 워크
- [ ] 다이마루 백화점
- [ ] 덴덴 타운
- [ ] 덴포잔 대관람차
- [ ] 덴포잔 하버 빌리지
- [ ] 도톤보리
- [ ] 도톤보리 글리코상
- [ ] 돈키호테 관람차
- [ ] 디아모르 오사카
- [ ] 루쿠아
- [ ] 마루이 (난바)
- [ ] 마이시마 소각장
- [ ] 멘타이(명란젓) 파크
- [ ] 미나미센바
- [ ] 미도스지
- [ ] 센니치마에 도구야스지
- [ ] 소네자키 오하츠텐진도리
- [ ] 소에몬쵸
- [ ] 시텐노지
- [ ] 신사이바시스지 상점가
- [ ] 신세카이
- [ ] 아메리카 무라
- [ ] 아베노 하루카스
- [ ] 에비스 바시
- [ ] 오렌지 스트리트 (타치바나 도오리)
- [ ] 오사카 국제 페리 터미널
- [ ] 오사카 문화관 (구 산토리 뮤지엄)
- [ ] 오사카 성
- [ ] 오사카 시립 미술관
- [ ] 오사카 역사 박물관
- [ ] 오사카 주택 박물관
- [ ] 오사카성 공원
- [ ] 오사카성 미라이자
- [ ] 요도야바시
- [ ] 우메다 스카이 빌딩
- [ ] 우메다 역
- [ ] 유니버셜 스튜디오 재팬
- [ ] 이온몰
- [ ] 지라이온 뮤지엄
- [ ] 츠루하시 시장
- [ ] 츠텐카쿠
- [ ] 카이유칸
- [ ] 코스모타워 전망대
- [ ] 쿠로몬 시장
- [ ] 키즈 플라자 오사카
- [ ] 타카시마야 백화점(본점)
- [ ] 타코야키 뮤지엄
- [ ] 텐노지 동물원
- [ ] 텐만구 신사
- [ ] 텐진바시스지 상점가
- [ ] 하루카스 300 전망대
- [ ] 한신 백화점 (본점)
- [ ] 한큐 백화점 (본점)
- [ ] 햅파이브 (HEP FIVE)
- [ ] 햅파이브 (HEP FIVE) 관람차
- [ ] 호젠지
- [ ] 후지타 미술관
- [ ] 힐튼 플라자
- [ ] OCAT (오사카 시티 에어 터미널)
- [ ] OMM 스카이가든

PREVIEW
CHECK LIST - 오사카

MUST BUYING LIST

- ☐ 가루비 쟈가리코
- ☐ 가쿠 하이볼 캔
- ☐ 구리코 사탕
- ☐ 구보타 사케
- ☐ 그랑 칼비
- ☐ 긴타로 사탕
- ☐ 나니와 쵸로켄
- ☐ 나다이바쇼
- ☐ 니베아 복숭아 립밤
- ☐ 닛신 컵라면
- ☐ 다이소 입욕제
- ☐ 닷사이 사케
- ☐ 데리츄스 치즈케이크
- ☐ 도라야키
- ☐ 도라에몽 프린트쿠키
- ☐ 토도루 소코
- ☐ 돈베이 키츠네우동
- ☐ 동전파스
- ☐ 란도린 디퓨저
- ☐ 레몬 사와
- ☐ 로이스 초콜릿
- ☐ 로토 리세(Lycee) 안약
- ☐ 르타오 치즈쿠키
- ☐ 마늘빵 스프레드
- ☐ 마리오월드 굿즈
- ☐ 말차티백
- ☐ 메구리즘 수면안대
- ☐ 메론소다
- ☐ 메이지 녹차맛
- ☐ 명란버터
- ☐ 미니어쳐맥주류
- ☐ 미도리노 타누키덴소바
- ☐ 민티아(MINTIA)

- ☐ 변비약 코락쿠
- ☐ 병아리빵 히요꼬 만쥬
- ☐ 보온병, 보온도시락
- ☐ 브랜드 손수건
- ☐ 브레스 케어
- ☐ 브루봉 알포트 초코
- ☐ 비비안웨스트우드 스타킹
- ☐ 비페스타 클렌징티슈
- ☐ 사나두유 폼클렌저
- ☐ 사란랩
- ☐ 사보리노 마스크팩
- ☐ 사쿠라 사라사라
- ☐ 산리오 굿즈
- ☐ 샤론파스
- ☐ 세븐일레븐 계란빵
- ☐ 세찬느 블러셔
- ☐ 센카 시세이도 퍼펙트힙
- ☐ 시로이 코이비토
- ☐ 시루콧토 화장솜
- ☐ 시세이도 뷰러
- ☐ 시세이도 Fino헤어팩
- ☐ 시즈오카산 와사비
- ☐ 아사히 폰즈
- ☐ 아큐브 원데이 렌즈
- ☐ 에비스 마이스터
- ☐ 에비스 칫솔
- ☐ 오가와 커피점 커피
- ☐ 오라 치약
- ☐ 오로시폰즈
- ☐ 오리히로 곤약젤리
- ☐ 오사카 초코 바나나
- ☐ 오타이산 소화제
- ☐ 온천입욕제

- ☐ 와사비치즈케
- ☐ 요나요나 에일
- ☐ 우마이봉
- ☐ 유노하나 천연입욕제
- ☐ 이브(EVE)진통제
- ☐ 이치란 라멘
- ☐ 인도의 아오오니
- ☐ 잇페이짱 야키소바
- ☐ 지브리 굿즈
- ☐ 쵸야 우메슈
- ☐ 츠르우메 유즈
- ☐ 카라무쵸
- ☐ 카베진 위장약
- ☐ 캔메이커 블러셔
- ☐ 코로로젤리
- ☐ 콘페이토 사탕
- ☐ 쿠이다오레 타로 푸딩
- ☐ 크리스탈 후지산사케
- ☐ 킷캣 말차맛
- ☐ 타코야끼 솟쿠리쿠키
- ☐ 텐텐 한입 교자
- ☐ 토일렛젤 변기 세정제
- ☐ 파브론골드A
- ☐ 페어 아크네 크림
- ☐ 포켓몬 굿즈
- ☐ 하이볼잔
- ☐ 해피턴 타코야키소스
- ☐ 헤르메스 돈카츠소스
- ☐ 호빵맨 모기 패치
- ☐ 훗카이도 우유 쿠키
- ☐ 휴족시간
- ☐ JINS(진즈) 안경
- ☐ SHIRO 향수

MUST DO ACTIVITIES LIST

- ☐ 나니와노유 온천 노천탕 즐기기
- ☐ 네코노 지칸 (고양이 카페)
- ☐ 노베하노유 온천 및 사우나 즐기기
- ☐ 라운드원 우메다 점 놀이시설 이용
- ☐ 라운드원 키타 신사이바시 점 놀이기구 탑승
- ☐ 레고랜드 놀이기구 탑승
- ☐ 마이코야 오사카 기모노, 쿠킹클래스 체험
- ☐ 미니언 파크 라이딩 및 게임
- ☐ 산타 마리아 유람선 탑승
- ☐ 수상버스 아쿠아라이너 유람선
- ☐ 슈에뜨 (부엉이 카페)
- ☐ 스네이크 카페 뱀 체험
- ☐ 스파 월드 온천
- ☐ 오사카 원더루프 시티투어 루프탑 탑승
- ☐ 오사카 자전거 투어
- ☐ 오사카성 고사부네 놀잇배
- ☐ 지라프 클럽 즐기기
- ☐ 캡틴 라인 페리 탑승
- ☐ 토카 에비스 1월 축제 금붕어 잡이 및 링고 아메 체험
- ☐ 톤보리 리버 재즈 보트 탑승
- ☐ 톤보리 리버 크루즈 유람선 투어

MUST EAT LIST

- ☐ 게요리
- ☐ 고베규
- ☐ 교자
- ☐ 니혼슈
- ☐ 덮밥
- ☐ 돈가스
- ☐ 라멘
- ☐ 만쥬
- ☐ 말차 파르페
- ☐ 미타라시 당고
- ☐ 발포주

- ☐ 소바
- ☐ 시오무스비
- ☐ 야키소바빵
- ☐ 에그타르트
- ☐ 오늘의 정식
- ☐ 오므라이스
- ☐ 오반자이
- ☐ 오코노미야키
- ☐ 와규
- ☐ 와라비모찌
- ☐ 우동

- ☐ 이자카야
- ☐ 스시
- ☐ 추하이
- ☐ 카이세키 요리
- ☐ 카페
- ☐ 케이크
- ☐ 쿠시카츠 (꼬치 튀김)
- ☐ 타카고노샌드위치
- ☐ 타코야키
- ☐ 팬케이크

*어떻게 여행을 해야하는지 알려드려요.

TRAVEL PLAN
SUMMARY - 오사카

TITLE

- ■ DATE   /   /   ~   /   /
- ■ CITY
- ■ WITH
- ■ VEHICLE

MUST GO PLACES

- ■
- ■
- ■
- ■
- ■
- ■
- ■
- ■
- ■
- ■
- ■
- ■
- ■
- ■
- ■
- ■
- ■
- ■
- ■
- ■
- ■
- ■

STAY

MUST EAT FOODS

MUST GO RESTAURANTS

MUST GO CAFE

MUST BUYING

MUST DO ACTIVITIES

MEMOS

* 지도를 보면서 나만의 여행계획을 만들어 보세요.

TIME LINE
SCHEDULE - 오사카

DAY 1   /   /   ~   /   /

- 8:00 AM
- 9:00 AM
- 10:00 AM
- 11:00 AM
- 12:00 PM
- 13:00 PM
- 14:00 PM
- 15:00 PM
- 16:00 PM
- 17:00 PM
- 18:00 PM
- 19:00 PM
- 20:00 PM
- 21:00 PM
- 22:00 PM
- 23:00 PM

DAY 2   /   /   ~   /   /

- 8:00 AM
- 9:00 AM
- 10:00 AM
- 11:00 AM
- 12:00 PM
- 13:00 PM
- 14:00 PM
- 15:00 PM
- 16:00 PM
- 17:00 PM
- 18:00 PM
- 19:00 PM
- 20:00 PM
- 21:00 PM
- 22:00 PM
- 23:00 PM

* 시간별로 계획을 세워보세요.

TIME LINE
SCHEDULE - 오사카

DAY 3   /   /   ~   /   /

- 8:00 AM
- 9:00 AM
- 10:00 AM
- 11:00 AM
- 12:00 PM
- 13:00 PM
- 14:00 PM
- 15:00 PM
- 16:00 PM
- 17:00 PM
- 18:00 PM
- 19:00 PM
- 20:00 PM
- 21:00 PM
- 22:00 PM
- 23:00 PM

DAY 4   /   /   ~   /   /

- 8:00 AM
- 9:00 AM
- 10:00 AM
- 11:00 AM
- 12:00 PM
- 13:00 PM
- 14:00 PM
- 15:00 PM
- 16:00 PM
- 17:00 PM
- 18:00 PM
- 19:00 PM
- 20:00 PM
- 21:00 PM
- 22:00 PM
- 23:00 PM

* 시간별로 계획을 세워보세요.

PREVIEW
CHECK LIST - 기타/나카노시마

LANDMARK LIST
- ☐ 게마쿠라노미야 공원
- ☐ 오사카 시립 과학관
- ☐ 카와사키바시
- ☐ 나카노시마리버크루즈
- ☐ 오사카 에메니티 파크
- ☐ 키즈 플라자 오사카
- ☐ 나카노시마 장미정원
- ☐ 오사카 주택 박물관
- ☐ 타이코엔 인공정원
- ☐ 나카시젠노모리
- ☐ 오사카 텐만구 신사
- ☐ 덴진바시스지 상점가
- ☐ 다이마루백화점
- ☐ 오사카시 중앙 공회당
- ☐ 토키노 히로바 (오사카 스테이션 시티)
- ☐ 빌보드 라이브 오사카
- ☐ 우메다 공중정원
- ☐ 한신 백화점
- ☐ 신우메다 시티
- ☐ 우메다 역
- ☐ 한큐 백화점(본점)
- ☐ 신우메다 쇼쿠도가이
- ☐ 우메다 예술극장
- ☐ HEP FIVE 관람차
- ☐ 아사히 방송
- ☐ 우메다스카이 빌딩
- ☐ 오기마치 공원
- ☐ 조폐박물관
- ☐ 오사카 나카노시마 미술관
- ☐ 차스카 차야마치

MUST EAT LIST
- ☐ 아이스 파르페
- ☐ 오야코동
- ☐ 코코넛카레
- ☐ 오코노미야끼
- ☐ 그린커리
- ☐ 와라비떡
- ☐ 나마로스유케
- ☐ 우동
- ☐ 덴뿌라
- ☐ 지쿠와
- ☐ 도리텐
- ☐ 차슈 라멘
- ☐ 돈코츠라멘
- ☐ 카이세키
- ☐ 로얄밀크티
- ☐ 카키고오리
- ☐ 쇼유라멘
- ☐ 쿠시카츠
- ☐ 스시
- ☐ 크레페
- ☐ 시오라멘
- ☐ 키마카레
- ☐ 야키도리
- ☐ 타로빙수
- ☐ 애플빙수
- ☐ 튀긴 타코야키
- ☐ 야키니쿠
- ☐ 포카치
- ☐ 야키소바
- ☐ 오반자이

TO DO LIST
- ☐ 나카노시마에서 장미 관람하기
- ☐ 도지마 지하센터 먹거리 투어
- ☐ 센단노키바시에서 시청, 나카노시마 도서관 감상
- ☐ 스이쇼바시에서 야경 감상하기
- ☐ 심포니 홀에서 클래식 콘서트 관람하기
- ☐ 오사카 시청에서 근대건축물 관람하기
- ☐ 오에바시에서 야경 감상하기
- ☐ 우메다 예술극장 공연 관람하기
- ☐ 우메다공중정원에서 야경 보기
- ☐ 조페박물관 공예품 전시 보기
- ☐ 차스카 차야마치 안도 타다오 건물 감상하기
- ☐ 토키노 히로바 (오사카 스테이션 시티) 거닐기
- ☐ 호리카와 에비스 신사 사업의 신에게 소원 빌기
- ☐ 후쿠시마 텐만구 합격 기원 소원 빌기

MUST DO ACTIVITIES LIST
- ☐ 요도야바시항 크루즈 탑승
- ☐ 유람선 가모메 타고 오사카성 둘러보기
- ☐ 키와사키바시 벚꽃, 여름 마쓰리 체험
- ☐ 조페국 공장 견학
- ☐ 텐마텐신 한조테이 전통 공연 감상
- ☐ 나카노시마 페스티벌 콘서트 관람

MUST BUYING LIST
- ☐ 나가사와 NAGASAWA에서 만년필 사기
- ☐ 나니와이쿠 쇼오게츠 혼텐에서 슈크림과 마들렌 사기
- ☐ 디즈니 스토어에서 굿즈 사기
- ☐ 오사카 마루젠&준쿠도 서점에서 문구류 사기
- ☐ 요도바시 카메라 우메다점에서 전자기기 사기
- ☐ 츠타야 서점 우메다 점 문구
- ☐ 치히로 과자점에서 마들렌 사기
- ☐ 포켓몬센터에서 포켓몬 굿즈사기
- ☐ dot to dot today에서 문구류 기프트 사기
- ☐ EST에서 여성의류 쇼핑하기

* 어떻게 여행을 해야하는지 알려드려요.

TRAVEL PLAN
SUMMARY - 기타/나카노시마

TITLE

- DATE   /   /   ~   /   /
- TOWN
- WITH
- VEHICLE

MUST GO PLACES

-
-
-
-
-
-
-
-
-
-
-
-
-
-
-
-
-
-
-
-
-
-

STAY

MUST EAT FOODS

MUST GO RESTAURANTS

MUST GO CAFE

MUST BUYING

MUST DO ACTIVITIES

MEMOS

* 지도를 보면서 나만의 여행계획을 만들어 보세요.

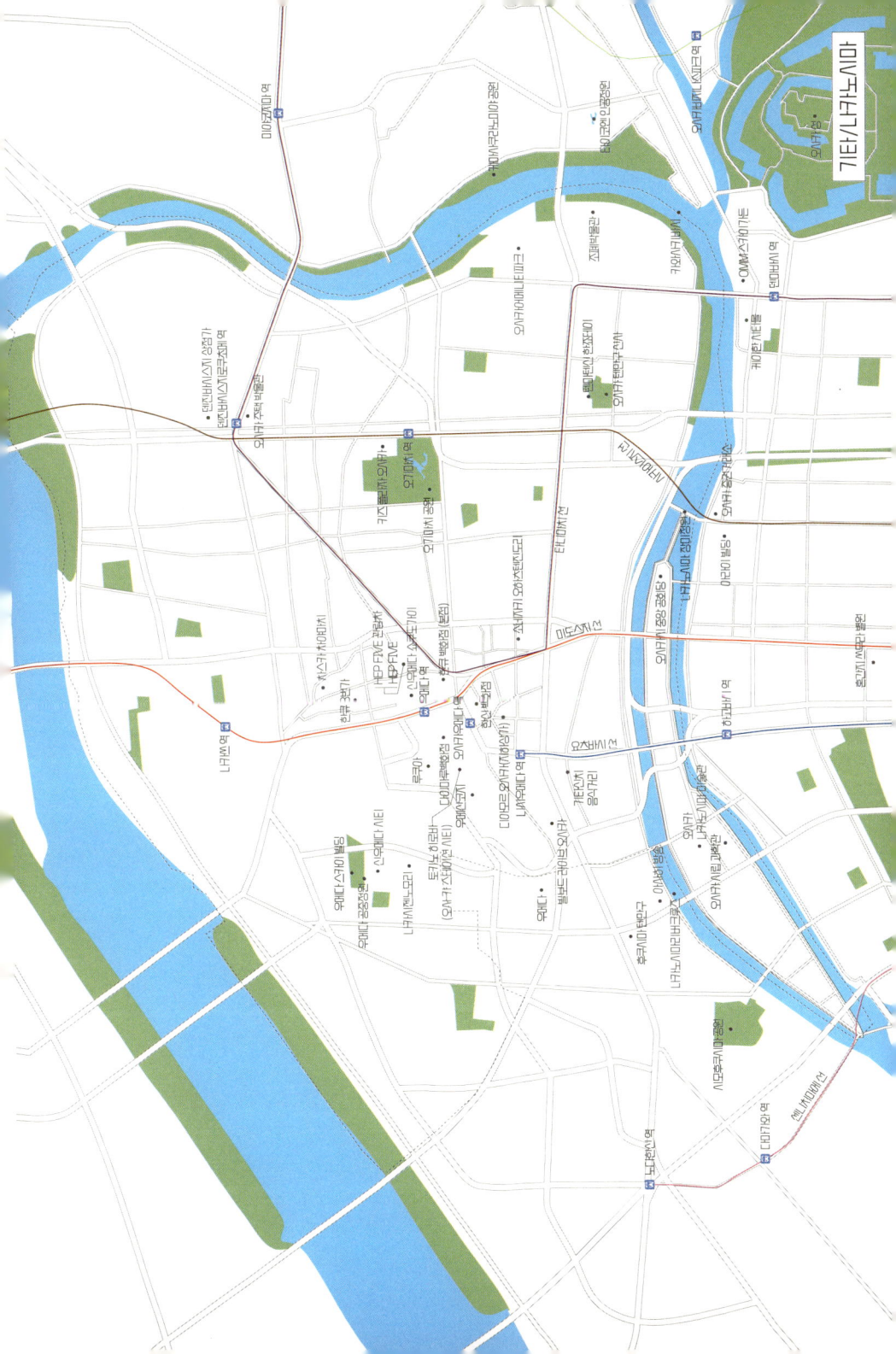

TIME LINE

SCHEDULE - 기타/나카노시마

DAY 1   /   /   ~   /   /

- 8:00 AM
- 9:00 AM
- 10:00 AM
- 11:00 AM
- 12:00 PM
- 13:00 PM
- 14:00 PM
- 15:00 PM
- 16:00 PM
- 17:00 PM
- 18:00 PM
- 19:00 PM
- 20:00 PM
- 21:00 PM
- 22:00 PM
- 23:00 PM

DAY 2   /   /   ~   /   /

- 8:00 AM
- 9:00 AM
- 10:00 AM
- 11:00 AM
- 12:00 PM
- 13:00 PM
- 14:00 PM
- 15:00 PM
- 16:00 PM
- 17:00 PM
- 18:00 PM
- 19:00 PM
- 20:00 PM
- 21:00 PM
- 22:00 PM
- 23:00 PM

* 시간별로 계획을 세워보세요.

PREVIEW
CHECK LIST - 오사카성 주변

LANDMARK LIST

- [ ] 고라이바시
- [ ] 야마모토 노가쿠도
- [ ] 이즈미홀
- [ ] 규호지바시
- [ ] 오사카 기업가뮤지엄
- [ ] 카와사키바시
- [ ] 기타하라 레트로 빌딩
- [ ] 오사카 덕투어
- [ ] 케이한 시티몰
- [ ] 난파궁 터 공원
- [ ] 오사카 모리노미야 큐즈몰 베이스
- [ ] 쿨 재팬 파크 오사카
- [ ] 더 가든 오리엔탈 오사카
- [ ] 오사카 비즈니스 파크
- [ ] 혼마치바시
- [ ] 더 키타하마 플라자
- [ ] 오사카 성 음악당
- [ ] OMM 스카이가든
- [ ] 마츠야마치스지 상점가
- [ ] 오사카 역사 박물관
- [ ] Peace오사카 오사카국제평화센터
- [ ] 모리노미야 피로티홀
- [ ] 오사카 증권거래소
- [ ] 미라이자
- [ ] 오사카성 홀
- [ ] 수상버스 아쿠아라이너
- [ ] 오사카성 니시노마루 정원
- [ ] 아쿠아 mini 오사카성 크루즈
- [ ] 오사카성(천수각)

TO DO LIST

- [ ] 3~4월초 오사카성 벚꽃축제 구경하기
- [ ] 난파궁터 공원에서 산책하기
- [ ] 니시노마루 정원에서 오사카성 천수각 조망
- [ ] 모리노미야 피로티 홀에서 공연 관람하기
- [ ] 수상버스 아쿠아라이너 타고 오사카성 주변 둘러보기
- [ ] 아쿠아mini타고 오사카성에서 덴바까지 가기
- [ ] 오사카 비즈니스 파크에서 산책하기
- [ ] 오사카 성 음악당에서 공연 관람하기
- [ ] 오사카 증권거래소 원통형 건물 관람
- [ ] 오사카성 앞에서 사진찍기
- [ ] 오사카성 미라이자에서 전시 보기
- [ ] 오사카성 주탑에서 오사카성 주변 경관 보기
- [ ] 천하제일의 황금선 '오사카조 고자부네'타고 오사카성 관람
- [ ] 케이한 시티몰 쇼핑하기

MUST EAT LIST

- [ ] 511호라이만두
- [ ] 온소바
- [ ] 가이세키코스3품
- [ ] 와라비 모치
- [ ] 덴푸라소바
- [ ] 이자카야
- [ ] 도미메시
- [ ] 일본 가정식
- [ ] 돈지루
- [ ] 일본식 오므라이스
- [ ] 돈코츠라멘
- [ ] 중화라멘
- [ ] 딸기타르트
- [ ] 차슈라멘
- [ ] 말고기야키니쿠
- [ ] 츠케멜
- [ ] 복어요리
- [ ] 츠케멘
- [ ] 사시미
- [ ] 카레우동
- [ ] 새우카레
- [ ] 쿠시카츠
- [ ] 새우튀김 오므라이스
- [ ] 탄탄면
- [ ] 야키소바
- [ ] 토마토라멘
- [ ] 오반자이
- [ ] 튀김덮밥
- [ ] 오이 데 꼬치 튀김
- [ ] 홍차와 케이크
- [ ] 오코노미야키

MUST DO ACTIVITIES LIST

- [ ] 요도야바시 항에서 오사카 덕투어 하기
- [ ] 요도야바시 항에서 유람선 타고 오사카성 투어하기
- [ ] 수상버스 아쿠아 라이너타고 강변 투어하기
- [ ] '오사카조 고자부네' 타고 오사카성 일대 관람하기
- [ ] 아쿠아 mini 오사카 성 크루즈타고 강변 투어하기
- [ ] 오사카성 음악당 공연 관람

MUST BUYING LIST

- [ ] 맛챠마치스지 상점가에서 일본식 과자 사기
- [ ] 맛챠마치스지 상점가에서 히나마츠리용 인형사기
- [ ] 미라이자에서 기념품 사기
- [ ] 시노비야 오사카성점에서 기념품 사기
- [ ] 오사카 모리노미야 큐즈몰 베이스에서 쇼핑하기
- [ ] 케이한 시티몰에서 기념품 사기
- [ ] 케이한 시티몰에서 쇼핑하기
- [ ] 코바토빵 공장에서 야키소바빵사기
- [ ] Bonny's Bake Shop에서 바스크 케이크 사기
- [ ] Tanabe Sports에서 스키용품 사기

* 어떻게 여행을 해야하는지 알려드려요.

TRAVEL PLAN

SUMMARY - 오사카성 주변

TITLE

- DATE   /   /   ~   /   /
- TOWN
- WITH
- VEHICLE

MUST GO PLACES

-
-
-
-
-
-
-
-
-
-
-
-
-
-
-
-
-
-
-
-
-
-
-

STAY

MUST EAT FOODS

MUST GO RESTAURANTS

MUST GO CAFE

MUST BUYING

MUST DO ACTIVITIES

MEMOS

* 지도를 보면서 나만의 여행계획을 만들어 보세요.

TIME LINE

SCHEDULE - 오사카성 주변

DAY 1   /   / ~ /   /

시간	
8:00 AM	
9:00 AM	
10:00 AM	
11:00 AM	
12:00 PM	
13:00 PM	
14:00 PM	
15:00 PM	
16:00 PM	
17:00 PM	
18:00 PM	
19:00 PM	
20:00 PM	
21:00 PM	
22:00 PM	
23:00 PM	

DAY 2   /   / ~ /   /

시간	
8:00 AM	
9:00 AM	
10:00 AM	
11:00 AM	
12:00 PM	
13:00 PM	
14:00 PM	
15:00 PM	
16:00 PM	
17:00 PM	
18:00 PM	
19:00 PM	
20:00 PM	
21:00 PM	
22:00 PM	
23:00 PM	

* 시간별로 계획을 세워보세요.

PREVIEW
CHECK LIST - 미나미

LANDMARK LIST

- ☐ 구로몬 시장
- ☐ 난바 파크스
- ☐ 난바시티
- ☐ 난바역
- ☐ 난바워크
- ☐ 난바힙스
- ☐ 닛폰바시역
- ☐ 다이마루백화점
- ☐ 덴덴타운
- ☐ 도톤보리
- ☐ 도톤보리 박물관 나미키자

- ☐ 도톤보리 페리스 휠
- ☐ 도톤플라자
- ☐ 돈키호테 도톤보리점
- ☐ 라이프 마트 난바역점
- ☐ 모토마치나카 공원
- ☐ 미나토마치 리버플레이스
- ☐ 미도스지
- ☐ 센니치마에도구야스지
- ☐ 스오마치도리 (유럽무라)
- ☐ 신사이바시
- ☐ 신사이바시역

- ☐ 아메리카무라
- ☐ 애니메이트 니혼바시점
- ☐ 에비스바시
- ☐ 에비스바시스지
- ☐ 오렌지 스트리트
- ☐ 코나몬 뮤지엄
- ☐ 크리스타 나가호리
- ☐ 타카시마야 백화점 (본점)
- ☐ 포켓몬센타 오사카 데큐라즈
- ☐ OCAT(오사카 시티 에어 터미널)

TO DO LIST

- ☐ 난바 파크스에서 상점 구경하기
- ☐ 도톤보리 '돈키호테' 마트 쇼핑
- ☐ 도톤보리 마라톤 글리코상 네온사인앞에서 인증사진찍기
- ☐ 도톤보리 박물관 나미키자에서 에도시대 체험하기
- ☐ 도톤보리 페리스 휠타고 오사카 시내 야경보기
- ☐ 도톤보리 리버 재즈 보트타고 연주 들으며 유람하기
- ☐ 미도스지에서 일루미네이션 보며 산책하기
- ☐ 미피그 카페 오사카에서 돼지보며 커피 마시기
- ☐ 스오마치도리 (유럽거리,유럽무라)에서 상점 구경하기
- ☐ 신사이바시스지 상점가에서 쇼핑하기
- ☐ 아메리카무라에서 상점 구경하기
- ☐ 쿠치나와 언덕에서 산책하기
- ☐ 파이레츠 오브 오사카 크루즈타기

MUST EAT LIST

- ☐ 구로몬 시장 스시
- ☐ 100엔 스시
- ☐ 551 호라이 만두
- ☐ 규동 정식
- ☐ 규카츠
- ☐ 꼬치 튀김
- ☐ 냉소바
- ☐ 녹차빙수
- ☐ 도지마롤
- ☐ 돈코츠 라멘
- ☐ 미야자키규
- ☐ 믹스우동
- ☐ 버터장어초밥
- ☐ 샤브샤브
- ☐ 스키야키
- ☐ 아보카도 치즈버거

- ☐ 야키교자
- ☐ 오므라이스
- ☐ 오코노미야키
- ☐ 와규
- ☐ 유부우동
- ☐ 잇푸도 라멘
- ☐ 츠케멘
- ☐ 치즈타르트
- ☐ 카니미소그라탕
- ☐ 카레
- ☐ 카스테라 계란구이
- ☐ 쿠시카츠
- ☐ 타코야키
- ☐ 후쿠오카 함바그
- ☐ A-1 Bakery 자판기빵

MUST DO ACTIVITIES LIST

- ☐ 나니와아이스스케이팅에서 스케이트 타기
- ☐ 도톤보리리버재즈보트탑승
- ☐ 선 볼 신사이바시에서 볼링게임하기
- ☐ 오사카 자전거 투어
- ☐ 요시모토 난바 그랜드 카게츠에서 코미디 관람하기
- ☐ 파이레츠 오브 오사카 크루즈 탑승

MUST BUYING LIST

- ☐ 난바시티 실바니안 패밀리샵에서 실바니안 인형 사기
- ☐ 난바워크 지브리샵에서 토토로 굿즈 사기
- ☐ 다이마루 백화점 무인양품에서 생활용품 사기
- ☐ 덴덴타운에서 피규어사기
- ☐ 돈키호테에서 화장품, 휴족시간 사기
- ☐ 디자인 포켓에서 음식 미니어쳐 사기
- ☐ 라이프마트 난바역점에서 화장품 생필품 사기
- ☐ 마츠모토키요시 드럭스토어에서 화장품,약 사기
- ☐ 만다라케 그랜드 카오스에서 중고 피규어 사기
- ☐ 미나리마오사카에서 해리포터 굿즈 사기

* 어떻게 여행을 해야하는지 알려드려요.

TRAVEL PLAN
SUMMARY - 미나미

TITLE

- DATE   /   /   ~   /   /
- TOWN
- WITH
- VEHICLE

MUST GO PLACES

-
-
-
-
-
-
-
-
-
-
-
-
-
-
-
-
-
-
-
-
-
-
-
-

STAY

MUST EAT FOODS

MUST GO RESTAURANTS

MUST GO CAFE

MUST BUYING

MUST DO ACTIVITIES

MEMOS

* 지도를 보면서 나만의 여행계획을 만들어 보세요.

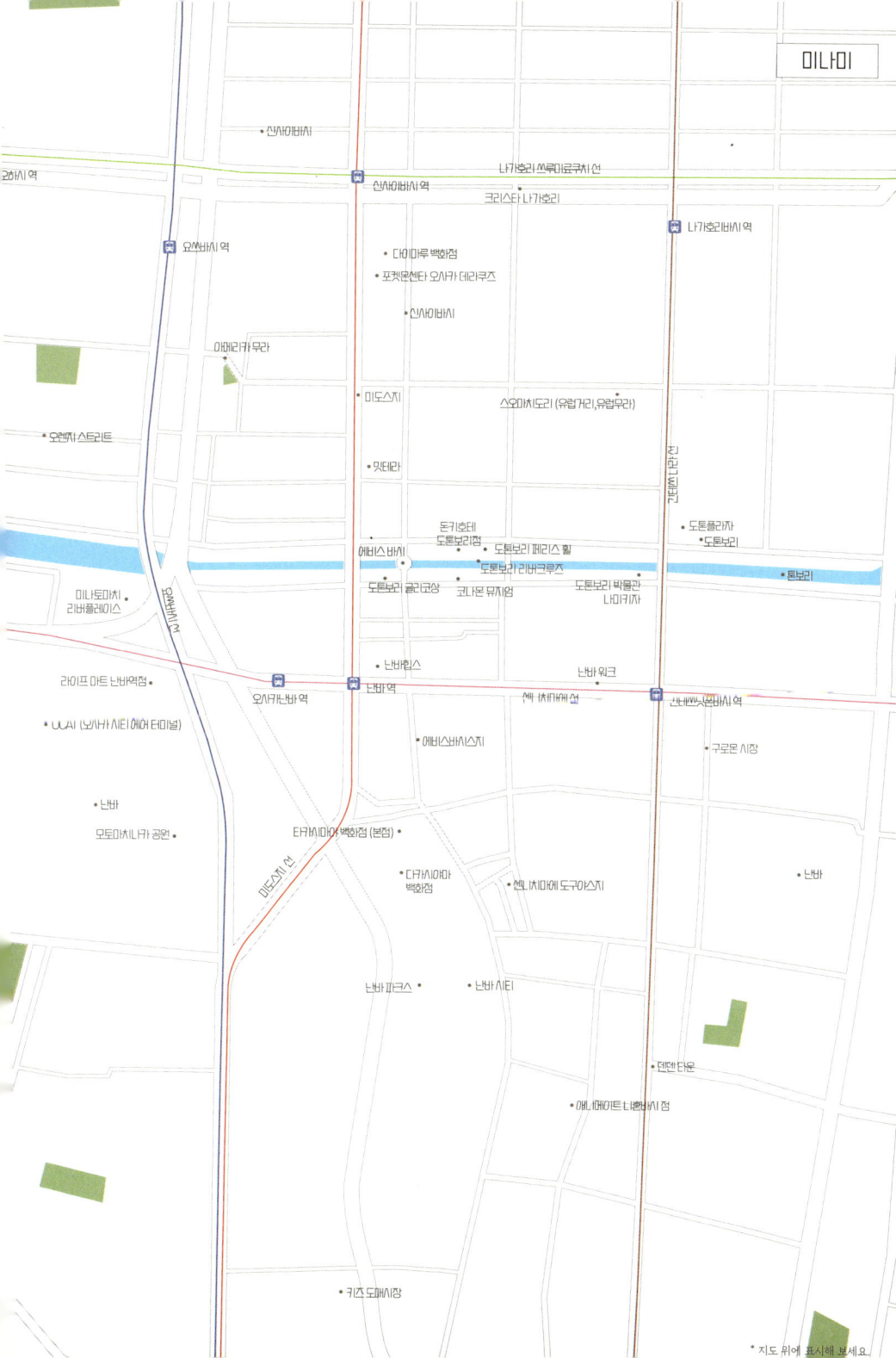

TIME LINE
SCHEDULE - 미나미

DAY 1   /   /   ~   /   /

- 8:00 AM
- 9:00 AM
- 10:00 AM
- 11:00 AM
- 12:00 PM
- 13:00 PM
- 14:00 PM
- 15:00 PM
- 16:00 PM
- 17:00 PM
- 18:00 PM
- 19:00 PM
- 20:00 PM
- 21:00 PM
- 22:00 PM
- 23:00 PM

DAY 2   /   /   ~   /   /

- 8:00 AM
- 9:00 AM
- 10:00 AM
- 11:00 AM
- 12:00 PM
- 13:00 PM
- 14:00 PM
- 15:00 PM
- 16:00 PM
- 17:00 PM
- 18:00 PM
- 19:00 PM
- 20:00 PM
- 21:00 PM
- 22:00 PM
- 23:00 PM

* 시간별로 계획을 세워보세요.

PREVIEW
CHECK LIST - 우메다

LANDMARK LIST
- ☐ 기타신치 음식거리
- ☐ 오하츠텐진 우라산도
- ☐ 힐튼플라자 이스트/웨스트
- ☐ 니시우메다역
- ☐ 우메다스카이 빌딩
- ☐ EST(에스트)
- ☐ 다이마루 백화점
- ☐ 우메다역
- ☐ HEP FIVE 대관람차
- ☐ 도지마 지하센터 (지하상가)
- ☐ 우메산코지
- ☐ JR오사카역
- ☐ 디아모르 오사카 (지하상가)
- ☐ 츠유텐 신사 (오하츠 텐진)
- ☐ Loft루쿠아점
- ☐ 루쿠아
- ☐ 하비카 오사카
- ☐ 빌보드라이브 오사카
- ☐ 한신우메다 본점
- ☐ 소네자키 오하츠텐진도리
- ☐ 한큐 3번가
- ☐ 신우메다 쇼쿠도가이
- ☐ 한큐 맨즈
- ☐ 에키마르쉐 오사카
- ☐ 한큐 히가시도리 상점가
- ☐ 오사카 스테이션 시티
- ☐ 한큐백화점(본점)

TO DO LIST
- ☐ 기타신치 음식 거리 먹거리 쇼핑
- ☐ 노스게이트 11층 바람의 광장에서 야경 감상하기
- ☐ 도지마 지하센터 먹거리 투어
- ☐ 소네자키 오하츠진도리에서 로컬 맛집 찾기
- ☐ 오사카역 물시계 보기
- ☐ 오하츠텐진 우라산도 일본식 술집 체험
- ☐ 우메다 스카이 빌딩에서 오사카 전경 감상
- ☐ 하비스프라자 쇼핑몰 쇼핑
- ☐ 한큐 백화점 (본점)에서 꼼데가르송, 바오바오 쇼핑하기
- ☐ 한큐 백화점에서 몽슈슈 도지마롤 먹기
- ☐ 햅파이브 (HEP FIVE) 대관람차 타고 야경보기
- ☐ 햅파이브 (HEP FIVE) 대관람차앞에서 인증샷 찍기
- ☐ Loft 루쿠아점에서 쇼핑하기
- ☐ NU차야마치에서 쇼핑하기

MUST EAT LIST
- ☐ 551호라이만두
- ☐ 스파이시 돈가스카레
- ☐ 간코 돈가스
- ☐ 아이즈야 타코야키
- ☐ 구탄스테이크
- ☐ 야키니쿠
- ☐ 규카츠
- ☐ 야키도리
- ☐ 도지마롤
- ☐ 오므라이스
- ☐ 돈코츠라멘
- ☐ 오코노미야키
- ☐ 돈테키
- ☐ 와라비 모치
- ☐ 라임소바
- ☐ 와인
- ☐ 말차 파르페
- ☐ 일식 꼬치 튀김
- ☐ 메리칸야 우동
- ☐ 자루소바
- ☐ 모스버거
- ☐ 장어요리
- ☐ 붓카케우동
- ☐ 차슈라멘
- ☐ 쇼유라멘
- ☐ 츠케멘
- ☐ 스다치소바
- ☐ 치즈타르트
- ☐ 스키야끼
- ☐ 카레우동
- ☐ 스테키동

MUST DO ACTIVITIES LIST
- ☐ 라운드원 우메다 점 놀이시설 체험
- ☐ 오기마치 공원 놀이기구 탑승
- ☐ 오사카 원더루프 시티투어 버스
- ☐ 키즈플라자 오사카 놀이체험
- ☐ 환상의 나라의 앨리스 테마카페 체험
- ☐ 햅파이브 (HEP FIVE) 관람차 탑승

MUST BUYING LIST
- ☐ 다이소 화이티 우메다 점 생필품, 주방용품
- ☐ 디즈니 스토어에서 굿즈 사기
- ☐ 비비안 웨스트우드에서 스타킹 사기
- ☐ 아담스키 앤티크 장난감
- ☐ 요도바시 카메라 우메다점에서 전자기기 사기
- ☐ 자라 홈 그랜드 프론트 오사카 점에서 인테리어 소품사기
- ☐ 츠타야 서점 우메다 점 문구
- ☐ 포켓몬센터에서 포켓몬 굿즈사기
- ☐ 프랑프랑 우메다 점에서 인테리어 소품사기
- ☐ EST에서 여성의류 쇼핑하기

* 어떻게 여행을 해야하는지 알려드려요.

TRAVEL PLAN
SUMMARY - 우메다

TITLE

- ■ DATE   /   /   ~   /   /
- ■ TOWN
- ■ WITH
- ■ VEHICLE

MUST GO PLACES

- ■
- ■
- ■
- ■
- ■
- ■
- ■
- ■
- ■
- ■
- ■
- ■
- ■
- ■
- ■
- ■
- ■
- ■
- ■
- ■
- ■

STAY

MUST EAT FOODS

MUST GO RESTAURANTS

MUST GO CAFE

MUST BUYING

MUST DO ACTIVITIES

MEMOS

* 지도를 보면서 나만의 여행계획을 만들어 보세요.

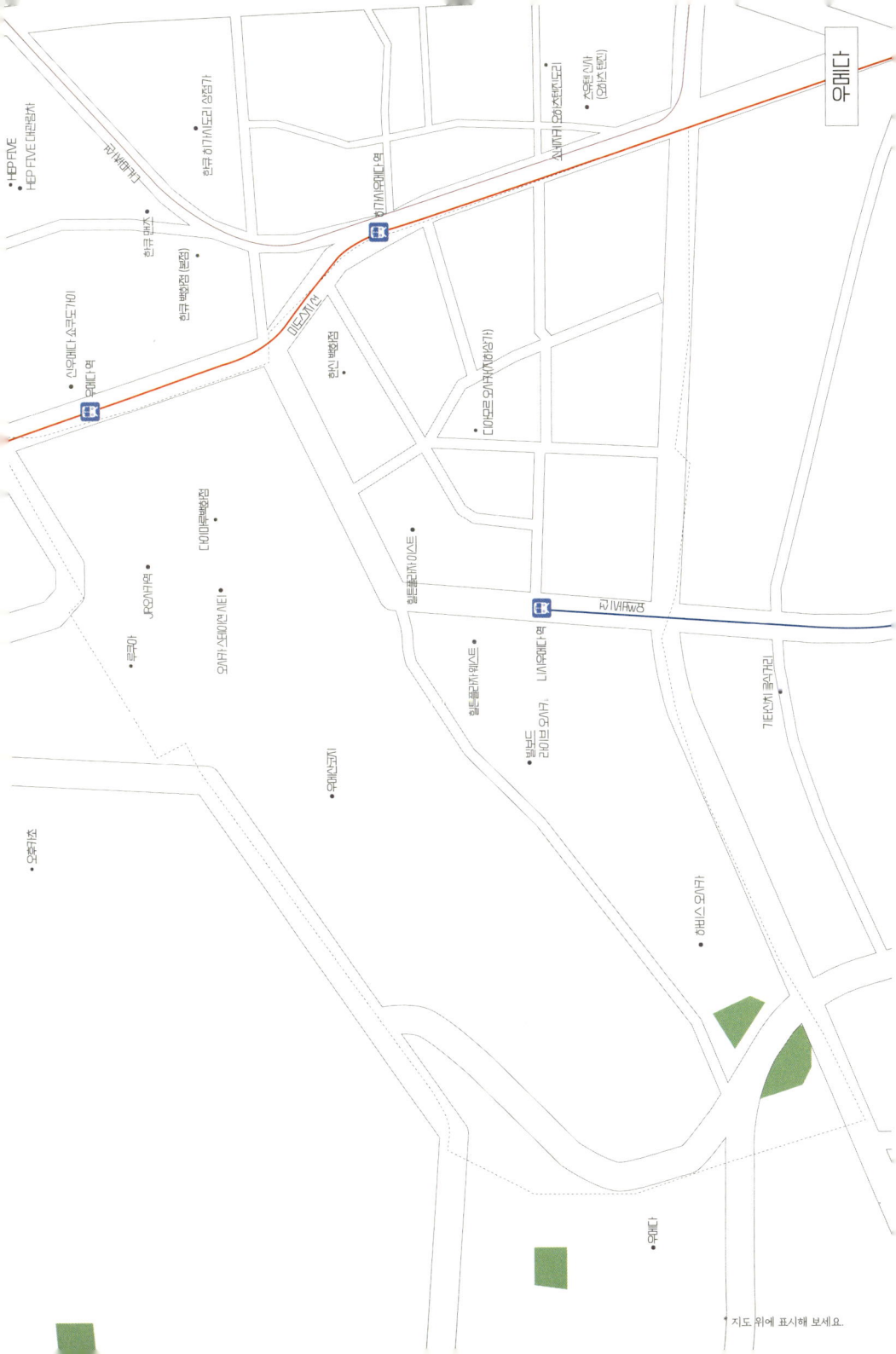

TIME LINE
SCHEDULE - 우메다

DAY 1   /   /   ~   /   /

8:00 AM
9:00 AM
10:00 AM
11:00 AM
12:00 PM
13:00 PM
14:00 PM
15:00 PM
16:00 PM
17:00 PM
18:00 PM
19:00 PM
20:00 PM
21:00 PM
22:00 PM
23:00 PM

DAY 2   /   /   ~   /   /

8:00 AM
9:00 AM
10:00 AM
11:00 AM
12:00 PM
13:00 PM
14:00 PM
15:00 PM
16:00 PM
17:00 PM
18:00 PM
19:00 PM
20:00 PM
21:00 PM
22:00 PM
23:00 PM

* 시간별로 계획을 세워보세요.

PREVIEW
CHECK LIST - 덴노지

LANDMARK LIST

- [ ] 가라호리초
- [ ] 아베노 하루카스 300
- [ ] 잔잔요코초 (난요도리 상점가)
- [ ] 데라다정 야구장
- [ ] 아이젠도 쇼만인
- [ ] 츠텐카쿠
- [ ] 덴노지 공원
- [ ] 아이젠자카 언덕
- [ ] 케이타쿠엔
- [ ] 덴노지 나나사카
- [ ] 야스이 신사
- [ ] 쿠치나와 언덕
- [ ] 덴노지 동물원
- [ ] 오사카 국제 교류센터
- [ ] 킨테츠 백화점 우에혼마치역
- [ ] 덴노지 미오
- [ ] 오사카 시립 미술관
- [ ] 호리코시 신사
- [ ] 덴진자카 언덕
- [ ] 우에혼마치 유후라
- [ ] 메가돈키호테 신세카이점
- [ ] 우에혼마치 하이하이타운
- [ ] 사나다 야마공원
- [ ] 이쿠타마 신사
- [ ] 시텐노지
- [ ] 이쿠타마 공원
- [ ] 신세카이
- [ ] 일심사 코츠보토케 (뼈부처)

MUST EAT LIST

- [ ] 가스통
- [ ] 사시미
- [ ] 게요리
- [ ] 센베이
- [ ] 고기두부
- [ ] 소바
- [ ] 과일빙수
- [ ] 시오라멘
- [ ] 냉우동
- [ ] 야키니쿠
- [ ] 덮밥란
- [ ] 야키도리
- [ ] 도넛
- [ ] 오므라이스
- [ ] 도라야키
- [ ] 오코노미야키
- [ ] 도리텐
- [ ] 일본식가정식
- [ ] 돈테키
- [ ] 참치덮밥
- [ ] 라멘
- [ ] 참치회
- [ ] 멘치카츠
- [ ] 츠케멘
- [ ] 모나카 아이스크림
- [ ] 카이세키
- [ ] 모스버거
- [ ] 카키코오리
- [ ] 몬자야키
- [ ] 붓카케우동

TO DO LIST

- [ ] 가라호리초 목조주택거리 산책하기
- [ ] 다마데노타키에서 천연폭포 구경하기
- [ ] 덴노지 나나사카에서 언덕길 산책하기
- [ ] 덴노지 동물원에서 동물 관람하기
- [ ] 덴덴타운에서 게임 애니메이션 굿즈 사기
- [ ] 덴진자카언덕에서 산책하기
- [ ] 시텐노지 벼룩시장 구경하기
- [ ] 아베노 하루카스 300 전망대에서 전망보기
- [ ] 아이젠도 쇼만인에서 단풍구경하기
- [ ] 아이젠자카 언덕에서 산책하기
- [ ] 우에혼마치 유후라에서 쇼핑하기
- [ ] 이쿠타마 신사에서 소원빌기
- [ ] 케이타쿠엔에서 일본식 정원 구경하기
- [ ] 쿠치나와 언덕에서 산책하기

MUST DO ACTIVITIES LIST

- [ ] 오사카 신 카부키 자에서 공연보기
- [ ] 잇신지 시아타 구라에서에서 공연보기
- [ ] 아벤도 텐노지 일루미네이션에서 일루미네이션보기
- [ ] 덴노지 동물원에서 동물보기
- [ ] 오사카 시립 미술관에서 전시 관람하기
- [ ] 보네룬도 플레이 빌 덴노지 공원 실내 키즈카페에서 놀기

MUST BUYING LIST

- [ ] 돈키호테에서 의약품 사기
- [ ] 아카네마루 혼포 다이나곤에서 도라야키 사기
- [ ] 아카짱혼포에서 아기용품 사기
- [ ] 에크츄아에서 생쵸콜릿 사기
- [ ] 오미노 칸 에서 일본 식료품 사기
- [ ] 지브리샵에서 토토로 굿즈 사기
- [ ] 츄츄 안나에서 양말 사기
- [ ] Fukujudo Hidenobu에서 화과자, 찜케이크 사기
- [ ] Hello Darling에서 빈티지 의류 사기
- [ ] Kokomoyotteya Osaka-Shinsekai에서 기념품사기

* 어떻게 여행을 해야하는지 알려드려요.

TRAVEL PLAN
SUMMARY - 덴노지

TITLE

- DATE   /   /   ~   /   /
- TOWN
- WITH
- VEHICLE

MUST GO PLACES

-
-
-
-
-
-
-
-
-
-
-
-
-
-
-
-
-
-
-
-
-
-
-

STAY

MUST EAT FOODS

MUST GO RESTAURANTS

MUST GO CAFE

MUST BUYING

MUST DO ACTIVITIES

MEMOS

* 지도를 보면서 나만의 여행계획을 만들어 보세요.

TIME LINE
SCHEDULE - 덴노지

DAY 1   /   /   ~   /   /

- 8:00 AM
- 9:00 AM
- 10:00 AM
- 11:00 AM
- 12:00 PM
- 13:00 PM
- 14:00 PM
- 15:00 PM
- 16:00 PM
- 17:00 PM
- 18:00 PM
- 19:00 PM
- 20:00 PM
- 21:00 PM
- 22:00 PM
- 23:00 PM

DAY 2   /   /   ~   /   /

- 8:00 AM
- 9:00 AM
- 10:00 AM
- 11:00 AM
- 12:00 PM
- 13:00 PM
- 14:00 PM
- 15:00 PM
- 16:00 PM
- 17:00 PM
- 18:00 PM
- 19:00 PM
- 20:00 PM
- 21:00 PM
- 22:00 PM
- 23:00 PM

* 시간별로 계획을 세워보세요.

PREVIEW
CHECK LIST - 오사카 항만 주변

LANDMARK LIST
- [ ] 나니와 쿠이신보 요코초
- [ ] 덴포잔
- [ ] 덴포잔 대관람차
- [ ] 덴포잔 마켓 플레이스
- [ ] 덴포잔 하버빌리지
- [ ] 레고랜드 디스커버리 센터 오사카
- [ ] 마루젠 인텍 오사카 풀
- [ ] 마이시마 소각장
- [ ] 사키시마 코스모 타워 전망대
- [ ] 씨사이드 코스모 공원
- [ ] 아시아태평양 트레이드 센터
- [ ] 오사카 문화관
- [ ] 오사카 북항구 마리나
- [ ] 오사카 헬리콥터 유람(오가와항공)
- [ ] 오사카시 중앙체육관
- [ ] 오사카항
- [ ] 오오키니아리나 마이시마
- [ ] 유니버셜 시티 워크 오사카
- [ ] 유니버셜 스튜디오 재팬
- [ ] 인텍스 오사카
- [ ] 지라이온 뮤지엄
- [ ] 카미카타 온천 잇큐
- [ ] 해유관
- [ ] 타코야키 뮤지엄
- [ ] 하드락카페
- [ ] Amazing Kart ISK
- [ ] ATC홀

TO DO LIST
- [ ] 나니와 쿠이신보 요코초에서 쇼와시대 테마 푸드파크 구경
- [ ] 덴포잔 대관람차 시스루 캐빈 타고 오사카 해변 야경 보기
- [ ] 마이시마 소각장 훈데르트바서파크 건축물 관람하기
- [ ] 멘타이(명란젓) 파크에서 명란젓 공장 투어 하기
- [ ] 숲과 릴의 BBQ필드에서 오사카 항을 보며 BBQ먹기
- [ ] 씨사이드 코스코 공원에서 야경 보기
- [ ] 오사카 헬리콥터 유람(오가와항공)타고 시내 헬기 체험
- [ ] 오사카부 사키시마청사 전망대에서 오사카항 전망하기
- [ ] 유니버셜 스튜디오 재팬 슈퍼 닌텐도월드앞에서 사진찍기
- [ ] 유니버셜 스튜디오 재팬 해리포터관에서 지팡이 사기
- [ ] 유니버셜 스튜디오 재팬에서 퍼레이드 보기
- [ ] 유니버셜 지구본 앞에서 사진찍기
- [ ] 카이유칸 아쿠아리움에서 고래상어 보기
- [ ] 캡틴 라인 유람선 타고 유니버셜 스튜디오가기

MUST EAT LIST
- [ ] 고래상어 아이스크림
- [ ] 기린 이찌방 나마비루
- [ ] 도라에몽 돼지고기 찐빵
- [ ] 도테야키
- [ ] 도테야키
- [ ] 돈가스
- [ ] 마리오 블랙 티라미스
- [ ] 마리오버거 세트
- [ ] 메이부츠 카레
- [ ] 모스버거
- [ ] 미니언즈 햄버거
- [ ] 밀크소다
- [ ] 쉑쉑버거
- [ ] 스누피 스마일 도넛
- [ ] 스시
- [ ] 아부라야 카스우동
- [ ] 야키소바
- [ ] 오므라이스
- [ ] 오코노미야키
- [ ] 카레라이스
- [ ] 카스우동
- [ ] 쿠시카츠
- [ ] 타코야키
- [ ] 텐동
- [ ] 피카츄 찐빵

MUST DO ACTIVITIES LIST
- [ ] 나니와 쿠이신보 요코초에서 일본 에도시대 테마파크 체험
- [ ] 레고랜드 디스커버리센터 오사카에서 놀기
- [ ] 마이시마 스포츠 아일랜드에서 패러글라이딩 체험하기
- [ ] 오사카 헬리콥터 유람에서 헬기 체험하기
- [ ] 카이유칸 아쿠아리움에서 고래상어 수족관 관람하기
- [ ] 캡틴라인 유람선 타고 유니버셜 스튜디오 가기

MUST BUYING LIST
- [ ] 덴포잔 마켓 플레이스에서 오사카 기념품 쇼핑
- [ ] 멘타이(명란젓) 파크에서 명란젓 사기
- [ ] 유니버셜 스튜디오 재팬 위저딩 월드 오브 해리포터 굿즈
- [ ] 유니버셜 스튜디오스 스토어에서 마리오 굿즈 사기
- [ ] 유니버셜 한정 미니언즈 도쿄바나나
- [ ] 지유켄에서 레토르트카레 사기
- [ ] Universal City Walk에서 기념품 사기
- [ ] 타코야키 뮤지엄에서 타코야키 소스 사기

* 어떻게 여행을 해야하는지 알려드려요.

TRAVEL PLAN
SUMMARY - 오사카 항만 주변

TITLE

- DATE   /   /   ~   /   /
- TOWN
- WITH
- VEHICLE

MUST GO PLACES

-
-
-
-
-
-
-
-
-
-
-
-
-
-
-
-
-
-
-
-
-
-
-

STAY

MUST EAT FOODS

MUST GO RESTAURANTS

MUST GO CAFE

MUST BUYING

MUST DO ACTIVITIES

MEMOS

* 지도를 보면서 나만의 여행계획을 만들어 보세요.

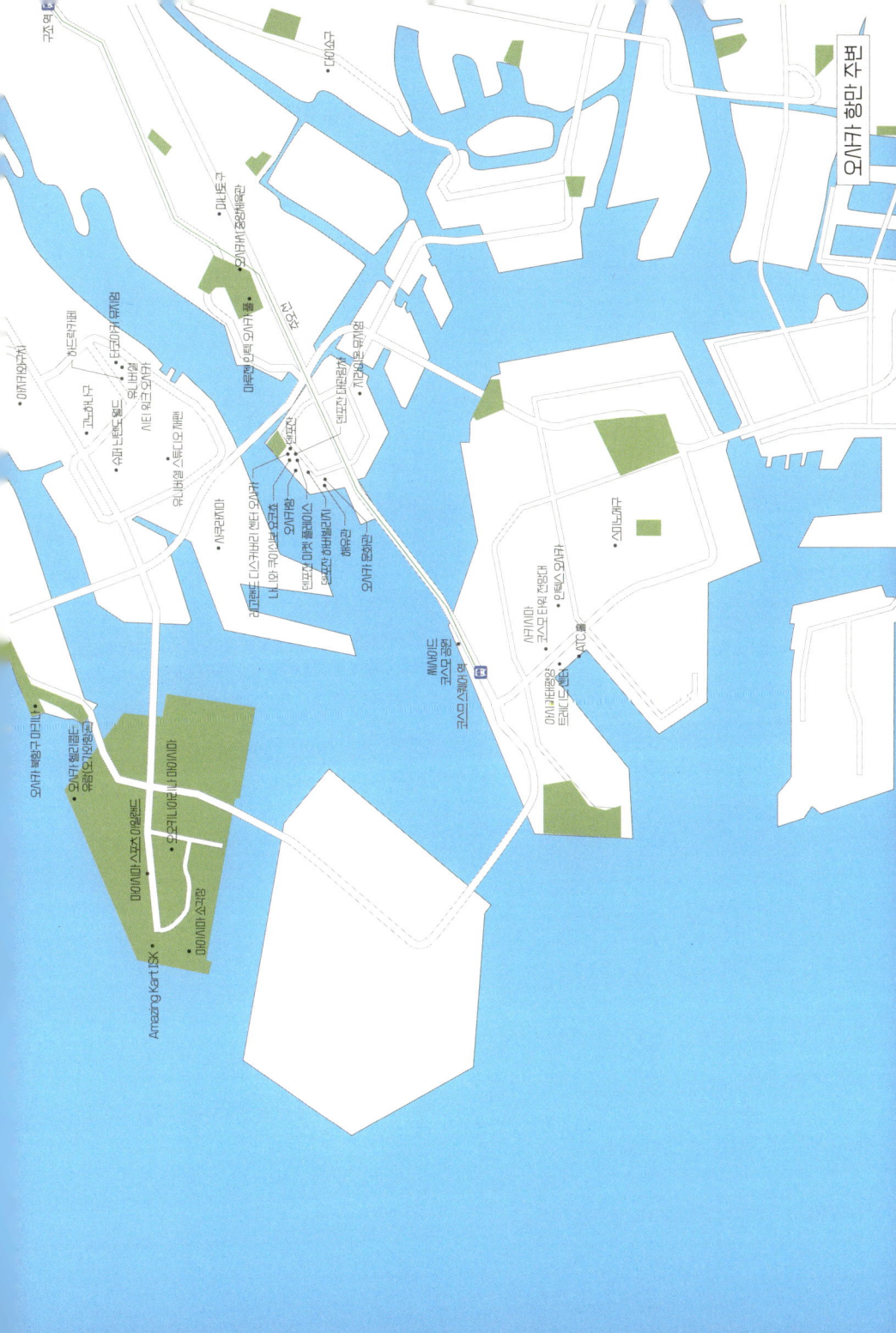

TIME LINE

SCHEDULE - 오사카 항만 주변

DAY 1 / / ~ / /

| 8:00 AM |
| 9:00 AM |
| 10:00 AM |
| 11:00 AM |
| 12:00 PM |
| 13:00 PM |
| 14:00 PM |
| 15:00 PM |
| 16:00 PM |
| 17:00 PM |
| 18:00 PM |
| 19:00 PM |
| 20:00 PM |
| 21:00 PM |
| 22:00 PM |
| 23:00 PM |

DAY 2 / / ~ / /

| 8:00 AM |
| 9:00 AM |
| 10:00 AM |
| 11:00 AM |
| 12:00 PM |
| 13:00 PM |
| 14:00 PM |
| 15:00 PM |
| 16:00 PM |
| 17:00 PM |
| 18:00 PM |
| 19:00 PM |
| 20:00 PM |
| 21:00 PM |
| 22:00 PM |
| 23:00 PM |

* 시간별로 계획을 세워보세요.

PREVIEW
CHECK LIST - 나라

LANDMARK LIST

- ☐ 가스가타이샤
- ☐ 간고지
- ☐ 고후쿠지 국보관
- ☐ 나라 국립 박물관
- ☐ 나라 비지터 센터 앤 인
- ☐ 나라공원
- ☐ 나라마치
- ☐ 나라마치 격자의 집
- ☐ 나라마치 복고풍 건물
- ☐ 나라현청
- ☐ 도다이지
- ☐ 도다이지 남대문
- ☐ 도다이지 대불전
- ☐ 도다이지 뮤지엄
- ☐ 도다이지 이월당
- ☐ 도쇼다이지
- ☐ 사루사와이케
- ☐ 사이다이지
- ☐ 쇼소인
- ☐ 스자쿠몬
- ☐ 신야쿠시지
- ☐ 아라이케 정원
- ☐ 아키시노데라 절
- ☐ 야쿠시지
- ☐ 와카쿠사야마
- ☐ 요시키엔 정원
- ☐ 우키미도
- ☐ 이수원
- ☐ 헤이조 궁
- ☐ 흥복사(고후쿠지)
- ☐ 히가시무키 상점가
- ☐ 히무로 신사

TO DO LIST

- ☐ 간고지에서 세계문화유산 사원 관람하기
- ☐ 고료신사에서 벚꽃 보기
- ☐ 나라 오쿠야마 드라이브웨이에서 드라이브 하기
- ☐ 나라공원에서 사슴과 사진찍기
- ☐ 나라마치 니기와이노이에 주택 관람하기
- ☐ 나라마치 코시노이에 일본식 주택에서 사진찍기
- ☐ 나라마치에서 상가 구경하기
- ☐ 니가츠도 불당에서 나라시내 전망 보기
- ☐ 다무케야마 하치만구 신사에서 단풍구경하기
- ☐ 데가이몬 문 앞에서 사진찍기
- ☐ 도부히노원지에서 사슴 보기
- ☐ 아라이케 정원에서 단풍 구경하기
- ☐ 유가신사에서 단풍 구경하기
- ☐ 정창원(쇼소인)에서 왕실유물창고 보기

MUST EAT LIST

- ☐ 가이세키요리
- ☐ 가츠동
- ☐ 가키고리 빙수
- ☐ 감잎스시
- ☐ 나가시소면
- ☐ 나마비루
- ☐ 녹차 소프트 아이스크림
- ☐ 덴푸라셋트
- ☐ 돈까스
- ☐ 딸기빙수
- ☐ 라무네
- ☐ 마파라면
- ☐ 브런치
- ☐ 사케
- ☐ 솥밥
- ☐ 수제버거
- ☐ 스시
- ☐ 스콘
- ☐ 스키야키
- ☐ 스펀지케이크
- ☐ 시오 츠케멘
- ☐ 야키니쿠
- ☐ 오므라이스
- ☐ 오코노미야끼
- ☐ 이와소멘
- ☐ 일본가정식
- ☐ 장어 오마카세
- ☐ 카레킨챠쿠 우동
- ☐ 키츠네우동
- ☐ 토로로타마우동(냉우동)
- ☐ 튀김덮밥

MUST DO ACTIVITIES LIST

- ☐ 가스가대사 국보전에서 전시 관람하기
- ☐ 간고신사에서 만두축제 보기
- ☐ 나라 국립 박물관에서 전시 관람하기
- ☐ 나라공예관에서 전시 관람하기
- ☐ 나라공원에서 사슴 먹이주기
- ☐ 나라시립 사료 보존관 전시 관람하기

MUST BUYING LIST

- ☐ 긴테쓰나라 관광안내소 기념 마스코트 엽서
- ☐ 나라 기념품 전문점 GOTO-CHI 한정 기념품
- ☐ 나라 사슴 캐릭터 시카마로군 기념품
- ☐ 나라 사슴공원 기념품샵 마그넷
- ☐ 나라 요시노산 감으로 만든 모나카 사기
- ☐ 나라 크림 다이후쿠 사기
- ☐ 나카타니도에서 찹쌀떡 사기
- ☐ 마호로바 대불 푸딩 사기
- ☐ 몽벨 매장에서 아웃도어용품 사기

* 어떻게 여행을 해야하는지 알려드려요.

TRAVEL PLAN
SUMMARY - 나 라

TITLE

- ■ DATE   /   /   ~   /   /
- ■ TOWN
- ■ WITH
- ■ VEHICLE

MUST GO PLACES

- ■
- ■
- ■
- ■
- ■
- ■
- ■
- ■
- ■
- ■
- ■
- ■
- ■
- ■
- ■
- ■
- ■
- ■
- ■
- ■
- ■
- ■

STAY

MUST EAT FOODS

MUST GO RESTAURANTS

MUST GO CAFE

MUST BUYING

MUST DO ACTIVITIES

MEMOS

* 지도를 보면서 나만의 여행계획을 만들어 보세요.

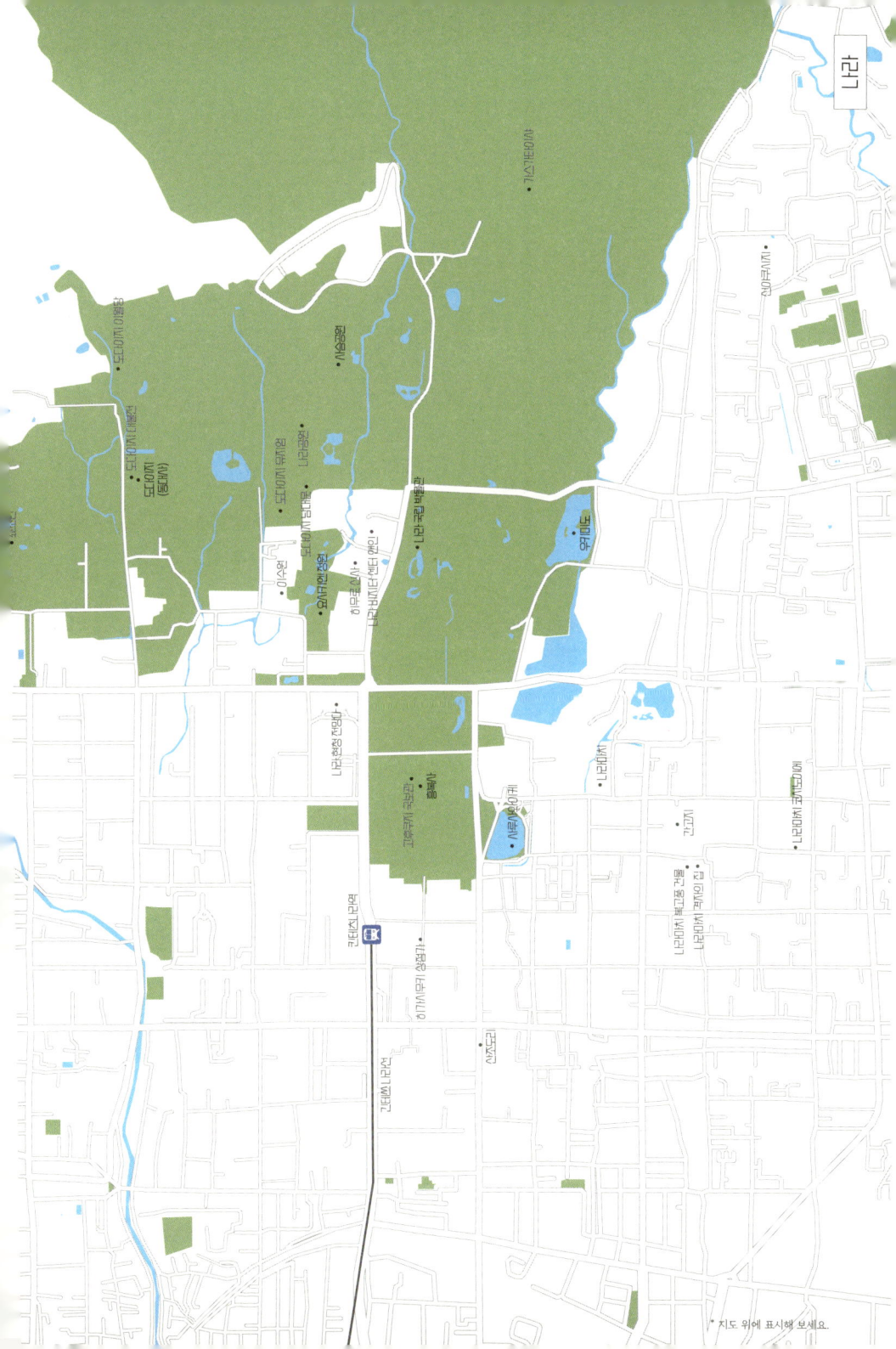

TIME LINE
SCHEDULE - 나라 지역

DAY 1   /   /   ~   /   /

- 8:00 AM
- 9:00 AM
- 10:00 AM
- 11:00 AM
- 12:00 PM
- 13:00 PM
- 14:00 PM
- 15:00 PM
- 16:00 PM
- 17:00 PM
- 18:00 PM
- 19:00 PM
- 20:00 PM
- 21:00 PM
- 22:00 PM
- 23:00 PM

DAY 2   /   /   ~   /   /

- 8:00 AM
- 9:00 AM
- 10:00 AM
- 11:00 AM
- 12:00 PM
- 13:00 PM
- 14:00 PM
- 15:00 PM
- 16:00 PM
- 17:00 PM
- 18:00 PM
- 19:00 PM
- 20:00 PM
- 21:00 PM
- 22:00 PM
- 23:00 PM

* 시간별로 계획을 세워보세요.

TIME LINE
SCHEDULE - 나라 지역

DAY 3   /   /   ~   /   /

8:00 AM
9:00 AM
10:00 AM
11:00 AM
12:00 PM
13:00 PM
14:00 PM
15:00 PM
16:00 PM
17:00 PM
18:00 PM
19:00 PM
20:00 PM
21:00 PM
22:00 PM
23:00 PM

DAY 4   /   /   ~   /   /

8:00 AM
9:00 AM
10:00 AM
11:00 AM
12:00 PM
13:00 PM
14:00 PM
15:00 PM
16:00 PM
17:00 PM
18:00 PM
19:00 PM
20:00 PM
21:00 PM
22:00 PM
23:00 PM

* 시간별로 계획을 세워보세요.

PREVIEW
CHECK LIST - 교토 지역

LANDMARK LIST

- ☐ 가미가모 신사
- ☐ 난젠지
- ☐ 쇼렌인
- ☐ 가쓰라 리큐
- ☐ 니조성
- ☐ 슈가쿠인 리큐
- ☐ 겐닌지
- ☐ 닌나지
- ☐ 시모가모 신사
- ☐ 교토 고다이지
- ☐ 덴류지
- ☐ 아라시야마 치쿠린
- ☐ 교토 고쇼
- ☐ 도지(교왕호국사)
- ☐ 야사카 신사
- ☐ 교토타워
- ☐ 도후쿠지
- ☐ 에이칸도 젠린지
- ☐ 국립 박물관
- ☐ 료안지
- ☐ 은각사
- ☐ 금각사
- ☐ 마루야마 공원
- ☐ 지온인
- ☐ 기오지
- ☐ 산넨자카 니넨 자카
- ☐ 철학의 길
- ☐ 기요미즈데라
- ☐ 산젠인
- ☐ 헤이안 신궁
- ☐ 기타노 텐만구
- ☐ 산주산겐도
- ☐ 후시미 이나리 신사

TO DO LIST

- ☐ 곤카이코 묘지 사원에서 단풍보기
- ☐ 기모노 렌탈샵에서 기모노 입고 산책하기
- ☐ 기오지에서 단풍구경하기
- ☐ 기타노텐만궁에서 매화꽃 보기
- ☐ 도게츠교 목조다리위 걸어보기
- ☐ 도에이 우즈마사 영화촌에서 에도시대풍 테마파크 관람
- ☐ 아라시야마 아라비카 커피에서 커피 마시기
- ☐ 아라시야마 치쿠린에서 산책하기
- ☐ 우메코지공원에서 산책하기
- ☐ 치온인 정문 앞에서 사진찍기
- ☐ 토후쿠지에서 단풍구경하기
- ☐ 하카타~신오사카구간 헬로키티 열차 타고 사진찍기
- ☐ 하쿠사손소 정원에서 일본식 정원 관람하기
- ☐ 후시미 이나리 신사에서 수천개의 도리이에서 사진찍기

MUST EAT LIST

- ☐ 가이세키요리
- ☐ 아라비카 커피
- ☐ 고기소바
- ☐ 아이스 오이꼬치
- ☐ 교토요리
- ☐ 야키니쿠
- ☐ 규카츠
- ☐ 오반자이
- ☐ 기온DOI 제철요리
- ☐ 와규
- ☐ 나마비루
- ☐ 요네무라 쿠키
- ☐ 당고
- ☐ 자루우동
- ☐ 도미 오차츠케
- ☐ 장어덮밥
- ☐ 두부요리
- ☐ 철판구이
- ☐ 두부파스타
- ☐ 츠케멘
- ☐ 말차 퐁듀
- ☐ 치킨 가라아게
- ☐ 말차라테
- ☐ 쿠루미 모치
- ☐ 새우교자
- ☐ 타코야키
- ☐ 소바
- ☐ 탄탄멘
- ☐ 스시 오마카세
- ☐ 텐동
- ☐ 스키야키

MUST DO ACTIVITIES LIST

- ☐ 교토 수족관 돌고래 관람
- ☐ 기모노 렌탈샵 기모노 체험
- ☐ 쇼렌인 다도체험
- ☐ 야사카 신사 기온마츠리 관람
- ☐ 하카타~신오사카구간 헬로키티 열차
- ☐ 후시미 이나리 신사 수천개의 도리이 인증샷

MUST BUYING LIST

- ☐ 기온거리에서 기념품 사기
- ☐ 니넨자카 상점에서 기념품 사기
- ☐ 리락쿠마 굿즈 샵에서 리락쿠마 굿즈 사기
- ☐ 마르블랑슈에서 비스킷사기
- ☐ 스타벅스에서 교토 한정 텀블러 사기
- ☐ 시치미야 본점에서 시치미토가라시(우동, 규동에 넣는 양념)사기
- ☐ 요네무라에서 요네무라 오리지널 쿠키사기
- ☐ 이나리야에서 키츠네 센베이(여우센베) 사기
- ☐ 츠지리헤이혼텐에서 말차 바움쿠헨 사기
- ☐ 헬로키티 열차 안 헬로플라자에서 한정 굿즈사기

* 어떻게 여행을 해야하는지 알려드려요.

TRAVEL PLAN
SUMMARY - 교토 지역

TITLE

- DATE   /   /   ~   /   /
- TOWN
- WITH
- VEHICLE

MUST GO PLACES

-
-
-
-
-
-
-
-
-
-
-
-
-
-
-
-
-
-
-
-
-
-
-
-

STAY

MUST EAT FOODS

MUST GO RESTAURANTS

MUST GO CAFE

MUST BUYING

MUST DO ACTIVITIES

MEMOS

* 지도를 보면서 나만의 여행계획을 만들어 보세요.

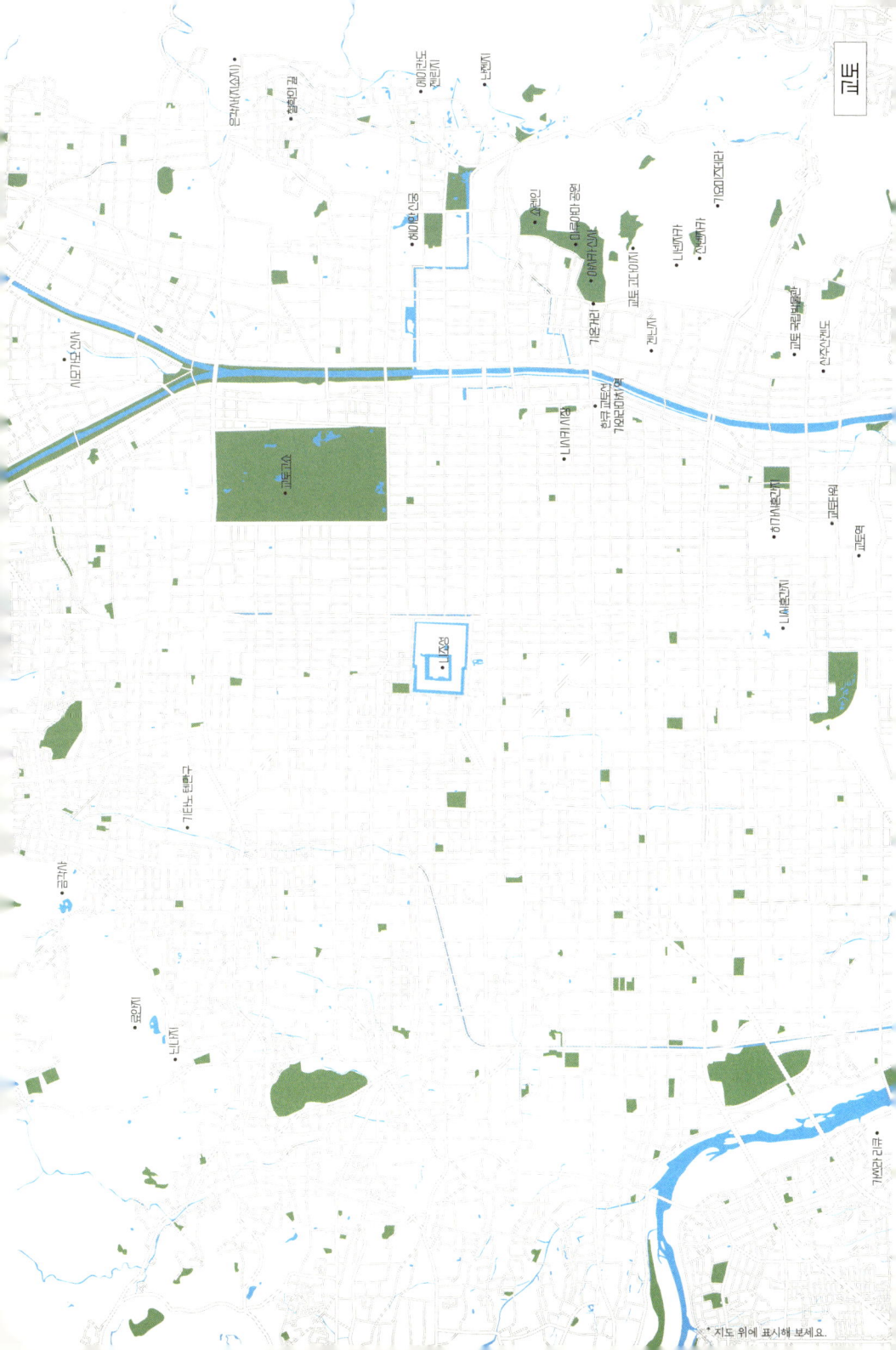

TIME LINE
SCHEDULE - 교토 지역

DAY 1   /   /   ~   /   /

8:00 AM

9:00 AM

10:00 AM

11:00 AM

12:00 PM

13:00 PM

14:00 PM

15:00 PM

16:00 PM

17:00 PM

18:00 PM

19:00 PM

20:00 PM

21:00 PM

22:00 PM

23:00 PM

DAY 2   /   /   ~   /   /

8:00 AM

9:00 AM

10:00 AM

11:00 AM

12:00 PM

13:00 PM

14:00 PM

15:00 PM

16:00 PM

17:00 PM

18:00 PM

19:00 PM

20:00 PM

21:00 PM

22:00 PM

23:00 PM

* 시간별로 계획을 세워보세요.

TIME LINE
SCHEDULE - 교토 지역

DAY 3 / / ~ / /

8:00 AM
9:00 AM
10:00 AM
11:00 AM
12:00 PM
13:00 PM
14:00 PM
15:00 PM
16:00 PM
17:00 PM
18:00 PM
19:00 PM
20:00 PM
21:00 PM
22:00 PM
23:00 PM

DAY 4 / / ~ / /

8:00 AM
9:00 AM
10:00 AM
11:00 AM
12:00 PM
13:00 PM
14:00 PM
15:00 PM
16:00 PM
17:00 PM
18:00 PM
19:00 PM
20:00 PM
21:00 PM
22:00 PM
23:00 PM

* 시간별로 계획을 세워보세요.

PREVIEW
CHECK LIST - 고베 지역

LANDMARK LIST

- ☐ 가와사키 월드
- ☐ 고베 하버랜드
- ☐ 모토마치 상점가
- ☐ 고베 구거류지
- ☐ 고베 호빵맨 어린이 박물관
- ☐ 사람과 방재 미래 센터
- ☐ 고베 동물왕국
- ☐ 기타노이진칸 거리
- ☐ 산노미야 센타가이
- ☐ 고베 마야산
- ☐ 기타노이진칸 풍향계의 집
- ☐ 아리마온천 킨노유
- ☐ 고베 미나토가와 신사
- ☐ 난킨마치
- ☐ 이쿠다신사
- ☐ 고베 스마 씨월드
- ☐ 노에비아 스타디움 고베
- ☐ 커널 프롬나드 효고 운하
- ☐ 고베 시립 롯코산 목장
- ☐ 누노비키 폭포
- ☐ 키타노 공방의마을
- ☐ 고베 시립 박물관
- ☐ 누노비키 허브원
- ☐ 하쿠츠루 사케 박물관
- ☐ 고베 시립 오지동물원
- ☐ 다케나카 목수 도구관
- ☐ 효고현립 미술관
- ☐ 고베 시청 전망대
- ☐ 롯코산
- ☐ UCC 커피 박물관
- ☐ 고베 포트 타워
- ☐ 메리켄 공원

TO DO LIST

- ☐ 고베 동물왕국에서 동물 먹이주기 체험하기
- ☐ 고베 오지 동물원에서 벚꽃 구경하기
- ☐ 기쿠마사무네 사케기념관에서 사케 시음하기
- ☐ 기타노 공방의 마을에서 수공 체험 하기
- ☐ 기타노이진칸 풍향계의 집 앞에서 인증샷 찍기
- ☐ 나다고고 사케도코로에서 양조장 투어하기
- ☐ 뎃짱공방에서 어묵체험하기
- ☐ 모자이크 대관람차에서 하버랜드 야경보기
- ☐ 사쿠라마사무네 기념관에서 양조장 견학하기
- ☐ 소라쿠엔 산책하기
- ☐ 포아이 시오사이공원에서 조형물 보기
- ☐ 하버랜드에서 산책하기
- ☐ 한신전차 나다고고 랩핑 전차 타보기
- ☐ 호빵맨 어린이 박물관 관람하기

MUST EAT LIST

- ☐ 가다당어 타나키
- ☐ 야끼니쿠
- ☐ 가츠동
- ☐ 야키소바
- ☐ 고로케
- ☐ 오징어튀김
- ☐ 고베규
- ☐ 오코노미야끼
- ☐ 고베우동
- ☐ 와규
- ☐ 과일 파르페
- ☐ 참치 타다끼
- ☐ 과일타르트
- ☐ 치킨 가라아게
- ☐ 데판야끼
- ☐ 크레페
- ☐ 덴푸라
- ☐ 타코야끼
- ☐ 롤케이크
- ☐ 탄탄면
- ☐ 마루가메제멘 우동
- ☐ 파스타
- ☐ 비프덮밥
- ☐ 함박스테이크
- ☐ 비프카레빵
- ☐ 호빵맨 빵
- ☐ 상어지느러미
- ☐ 스시
- ☐ 스테이크

MUST DO ACTIVITIES LIST

- ☐ 기쿠마사무네 사케 기념관 사케시음
- ☐ 기타노 공방의 마을 수공 체험
- ☐ 다케나카 목수도구관 전시관람
- ☐ 모자이크 대관람차 타기
- ☐ 뮤직레스토랑 콘체르토 유람선 타기
- ☐ 아리마 온천에서 온천욕 하기

MUST BUYING LIST

- ☐ 기타노 공방의 마을에서 기념품 사기
- ☐ 나다고고 사케도코로에서 사케 사기
- ☐ 듀오고베 지하쇼핑센터에서 쇼핑하기
- ☐ 모토마치 상점가에서 쇼핑하기
- ☐ 민트고베에서 쇼핑하기
- ☐ 버터컵에서 컵케익 사기
- ☐ 산노미야 센타가이에서 상점가 쇼핑하기
- ☐ 스타벅스에서 고베한정 텀블러 사기
- ☐ 하니토끼에서 과일 타르트 사기
- ☐ 호빵맨 박물관에서 호빵맨, 식빵맨, 카레빵맨 빵 사기

* 어떻게 여행을 해야하는지 알려드려요.

TRAVEL PLAN
SUMMARY - 고베 지역

TITLE

- DATE   /   /   ~   /   /
- TOWN
- WITH
- VEHICLE

MUST GO PLACES

-
-
-
-
-
-
-
-
-
-
-
-
-
-
-
-
-
-
-
-
-
-
-

STAY

MUST EAT FOODS

MUST GO RESTAURANTS

MUST GO CAFE

MUST BUYING

MUST DO ACTIVITIES

MEMOS

* 지도를 보면서 나만의 여행계획을 만들어 보세요.

TIME LINE
SCHEDULE - 고베 지역

DAY 1   /   /   ~   /   /

- 8:00 AM
- 9:00 AM
- 10:00 AM
- 11:00 AM
- 12:00 PM
- 13:00 PM
- 14:00 PM
- 15:00 PM
- 16:00 PM
- 17:00 PM
- 18:00 PM
- 19:00 PM
- 20:00 PM
- 21:00 PM
- 22:00 PM
- 23:00 PM

DAY 2   /   /   ~   /   /

- 8:00 AM
- 9:00 AM
- 10:00 AM
- 11:00 AM
- 12:00 PM
- 13:00 PM
- 14:00 PM
- 15:00 PM
- 16:00 PM
- 17:00 PM
- 18:00 PM
- 19:00 PM
- 20:00 PM
- 21:00 PM
- 22:00 PM
- 23:00 PM

* 시간별로 계획을 세워보세요.

TIME LINE
SCHEDULE - 고베 지역

DAY 3   /   /   ~   /   /

- 8:00 AM
- 9:00 AM
- 10:00 AM
- 11:00 AM
- 12:00 PM
- 13:00 PM
- 14:00 PM
- 15:00 PM
- 16:00 PM
- 17:00 PM
- 18:00 PM
- 19:00 PM
- 20:00 PM
- 21:00 PM
- 22:00 PM
- 23:00 PM

DAY 4   /   /   ~   /   /

- 8:00 AM
- 9:00 AM
- 10:00 AM
- 11:00 AM
- 12:00 PM
- 13:00 PM
- 14:00 PM
- 15:00 PM
- 16:00 PM
- 17:00 PM
- 18:00 PM
- 19:00 PM
- 20:00 PM
- 21:00 PM
- 22:00 PM
- 23:00 PM

* 시간별로 계획을 세워보세요.